피크아웃
코리아

# 피크아웃

## PEAK OUT KOREA

# 코리아

채상욱 · 김정훈 지음

커넥팅
그라운드

# 추락하는 대한민국에 날개는 있는가

최근 들어 '해외 이민' 혹은 '해외 창업', '국제결혼', '해외 부동산 시장' 같은 내용이 유튜브 검색창 상단에 빈번하게 노출되고 있다. 관련 키워드를 딱히 검색한 적이 없는 내 유튜브에도 이런 내용이 나열되는데, 이는 한국 사회 전반적으로 이런 주제에 관심이 많아졌다는 빅데이터 분석이 작동한 결과일 것이다. 그 이면을 들여다보면 세계를 지배하는 IT 기업이 우리나라 국민에게 너희 나라에는 희망이 없으니 해외로 나가라고 권하는 무서운 상황임을 알 수 있다.

국민 대다수가 아파트 가격이 오를까 내릴까 걱정하는 사이, 우리 사회의 기저 구조는 아무런 근본적 개혁과 혁신이 없는 상태로 대략 17년 가까운 세월을 흘려보냈다. 노무현 정부 이후에 우리나라의 사회 구조를 제대로 바꾸려고 한 정권이 있었던가. 그러다 보니 지난 17년간 우리 사회는 각자도생의 생존경쟁으로 내몰렸고, 돈을 벌 수 있느냐 없느냐가 모든 행동의 판단 기준이 되었으며, 돈을 어느 정도 모았다고 해도 걱정 근심을 떨쳐버리지 못하고 노후 불안에 시달리며 현실을 살아가고 있다. 전 국민이 하루하루 불안감 속에서 살아가는데 여의도 국회에서는 한가롭게도 국민 생활과는 동떨어진 그들만의 이슈로 정쟁을 벌이고 언어도단으로 국민에게 상처를 주고 있다. 국가의 미래를 위해 노력하는 정치인이 아닌 자신의 이익만을 도모하는 정치꾼 같은 모습을 보여주면서 안타까움을 넘어 분노를 일으키고 있다.

이 책은 내가 운영하는 유튜브 채널 구독자들과의 교감에서 출발했다. 나는 2021년 12월에 유튜브 채널 〈채부심(채상욱의 부동산 심부름센터)〉을 개설하고, 이후 약 2년에 걸쳐서 수도권 과밀화 문제에 관한 영상을 '분석왕'이라는 카테고리로 묶어 올렸다. 그 내용이 주목을 받으면서 개설 2개월 차에 채널 구독자가 1만 명을 돌파하더니 어느새 영광의 실버버튼까지 받게 되었다. 이 글을 쓰는 2024년 3월 현재는 구독자가 20만 명에 가까워지고 있으니, 대단하지는 않아도 어느 정도 자리 잡은 채널이 되었다.

나름대로 채널은 성공했지만 그 과정을 살펴보면 마냥 좋아할 수만 없었다. 유튜브 시청자들이 구독 버튼을 누르며 호응해준 '분석왕'의 영상들은 한결같이 부동산 시장 침체, 저출산, 노인 빈곤, 의료 시스템 붕괴, 교권 붕괴, 대입제도의 문제, 재테크로 내몰리는 사회적 분위기, 유튜버들의 떴다방 식 위험자산 시장 영업(시쳇말로 성공포르노라고 불린다) 등 각종 고질적 사회 병폐를 주요 내용으로 다루었기 때문이다.

나는 대학에서 건축과 부동산을 전공하고 금융시장에서 오랜 기간 주식과 부동산을 분석해 보고서를 작성하는 일을 해왔다. 하지만 채널 구독자들의 관심이 전반적인 사회문제에까지 뻗어 있다 보니 이러한 거시적 이슈에 관한 제대로 된 콘텐츠를 만들기 위해 다시 애널리스트 경력을 시작할 때의 초심으로 돌아가 조사와 분석을 열심히 할 수밖에 없었다.

의료서비스 붕괴를 내용으로 하는 영상을 올렸을 때는 몇몇 의사로부터 응원 메시지와 의료 시스템의 현황을 다룬 책자를 선물받기도 하였고, 부실공사가 늘어나는 구조적 원인을 다뤘을 때는 건설사 동료들이 응원의 전화를 해오기도 했다. 단순히 외국인 노동자의 급증 때문이 아니라, 한국인 관리자가 해야 하는 일이 10년 전보다 30% 더 증가했음을 데이터로 설명했기에 격무에 시달리는 그들이 공감한 것이다. 무엇보다 저출산과 수도권 도심 과집중 문제를 체계적으로 다룰 때는 정말 많은 분이 좋은 콘텐츠를 잘 보고 있다며 연락을 해왔고, 지속해서 채널을 성장시켜달라는 격려를 받았다. 그리고 가장 가까이에서 함께 일하는 〈채부심〉 채널의 2030세대 운영진도 자신들의 이야기가 채널을 통해서 콘텐츠가 되고 대중에게 호응을 얻는 것을 보면서 자신이 속한 세대의 어려움을 이해해주는 사람들이 많다는 사실에 위안을 받았다고 말했다.

이 책을 기획한 결정적 계기는 '분석왕' 코너를 매개로 구독자와 소통하는 과정에서 어쩌면 그 해답의 실마리를 찾은 것은 아닐까 하는 생각이 들어서였다. 열심히 분석하고 방법을 찾다 보니 궁즉 통으로 어떻게든 가닥을 잡은 것일 수도 있고, 아니면 관련 문제를 오랜 기간 고민해온 전문가들과의 대화에서 힌트를 얻은 것일 수도 있다.

처음에 완성한 이 책의 초고를 살펴보니 90%가 매우 암담한 내용이었다. 어두운 터널에 갇혔는데 출구가 보이지 않아 답답했다. 책 제목이 '피크아웃 코리아'이듯이, 한국이 성장의 정점을 찍고 이제 소멸로 향하는 나라라는 침울한 내용이 주를 이루어 과연 책을 내도 괜찮을까, 낸다면 무슨 의미가 있을까, 특히 나처럼 변화하는 현실에 순응하기보다는 원인을 찾아 대응하는 성향의 사람이 이런 내용으로 낼 수 있을까 하는 고민에 휩싸였다. 그러나 국가적 위기를 몰고 올 여러 문제에 관해 고민하는 많은 사람들이 각 분야에서 해결 방안을 찾기 위해 애쓰는 모습을 보니, 어쩌면 나도 작은 해결책을 제시할 수 있지 않을까 하는 용기가 생겼다. 물론 희망 사항에 그칠 수도 있겠지만, 아무것도 하지 않고 손 놓고 있기보다는 1%라도 서로의 힘을 모은다면 우리 사회를 더 나은 방향으로 이끄는 데 도움이 되지 않을까.

이 책은 우리 사회와 경제구조의 근간이 되어버린 부동산 문제를 정면으로 다룬다. 내게 "부동산 문제가 무엇인가?"라고 묻는다면 수도권 과밀의 부작용이 임계치를 넘어서 만들어내는 터무니없는 높은 주택가격과 저출산 그리고 그에 따른 국가 소멸이라고 대답하겠다. 다시 "부동산 문제가 저출산의 원인인가?"라고 묻는다면, 부동산의 '가격'만이 아니라, 우리나라의 부동산 가격이 높을 수밖에 없도록 고착된 도시구조와 금융시장, 아울러 노후 연금과 가계 자산 비중까지 부동산을 빼놓고는 국민의 미래를 논할 수 없는 나라가 된 것이 근본 원인이라고 답하겠다. 더욱이 이러한 문제가 국가의 생존을 좌우한다는 것을 인식하지 못하는 현 정치권은 더 큰 문제다. 실제 내가 만난 많은 평범한 직장인은 자신은 어쩔 수 없다 해도 최소한 자녀만은 한국이 아닌 다른 선진국에서 자라기를 희망한다고 말했다. 치열한 생존경쟁으로 내몰리는 우리 사회에서 더는 견뎌내기가 힘들다고 토로하는 이들의 목소리가 정치인들의 귀에는 좀처럼 들리지가 않나 보다.

대한민국은 고도성장으로 세계 10위권의 경제 규모와 산업구조를 이뤄냈다. 세계에서 가장 빈곤한 국가에서 인류 역사상 유례를 찾아보기 힘든 속도로 선진국 반열에 올랐으며 현재도 세계의 기술 트렌드를 선도하는 위대한 국가 중 하나로 자리매김하고 있다. 국민 한 사람 한 사람이 쌓아 올린 금자탑 위에서 미래가 더 빛나야 할 시점에, 세계 최저의 출산율로 입대할 청년이 감소해서 안보를 위협받고, 학교마저 점차 문을 닫고, 수십 년 후 국가가 소멸된

다는 이야기가 나오더니, 이제는 실제로 지방 도시들이 공동화空洞化
한다는 우려가 현실이 되고 있다. 우리나라 젊은이들이 대한민국에
는 미래가 없다고 평가하면서 해외 자산만을 주시하며 취득하는 시
대를 그저 바라만 보는 것이 정말 제대로 된 국가 경영이라고 할 수
있을지 의문이다.

방구석 유튜버인 내가 국가라는 단어를 언급하는 것이 다소 어
색하긴 하지만, 아이 둘을 키우는 부모로서 내 자녀가 살아갈 우리
사회가 과거의 영광만을 기억하는 추억팔이로 전락하는 것이 아니
라, 미래에도 찬란히 빛나길 바라는 것은 당연한 마음이 아닐까. 그
연장선상에서 이 책이 20만 구독자를 비롯해 내 영상을 시청하는
수십만 사람들이 고민하고 공감하는 우리 사회의 주요 문제를 다루
고 있다는 점을 이해해주기 바란다.

나는 콘텐츠의 힘을 믿는다. 콘텐츠는 무엇이든 바꿀 수 있다.
대한민국이 연착륙하는 데 이 콘텐츠 역시 조금이라도 도움이 되리
라 믿는다. 그래서 더 많은 분들이 이 책을 읽을 수 있도록 판매가
를 최대한 낮추기로 했다. 앞으로 어떤 미래가 다가올지 한 치 앞을
예상하기 힘들지만, 이 책을 읽고 힘든 현실에서 암담한 미래를 보
는 것이 아니라 이렇게 하면 달라질 수도 있겠다는 희망을 품어볼
수 있기를 기대한다.

## 3부 ——— 소멸할 것인가 생존할 것인가 ———

1부

# 소멸이 예정된 국가

어쩌면 한국 경제는
이미 끓는 물 속의 개구리가 된 것인지도 모른다.
더는 물러설 곳이 없다.

# 국가 소멸을 예고하는 초저출산

    2022년 합계출산율 0.78명을 기록한 나라가 있다. 2021년의 합계출산율 0.81명에서 0.03명이 더 내려가서 2022년 기준 OECD 38개 국가 중 유일하게 합계출산율 1명 이하를 기록한 나라가 바로 우리 대한민국이다. 전 세계 217개국으로 넓혀서 보더라도 홍콩의 0.77명 다음으로 가장 낮은 출산율을 기록했다. 홍콩은 국가가 아니라 도시 단위의 자치 행정구역에 불과할 뿐이니 실질적으로 세계 최저 출산율 국가라고 해도 무방하다. 한국의 출산율은 인류 역사상 전무후무한 수준으로, 중세 유럽 전역을 공포에 빠트리며 당시 전체 인구의 거의 절반을 죽였던 페스트(흑사병)보다 더 위협적이라고 비유될 정도다. 문제는 아직도 출산율 하향 추세가 멈추지 않아서 그 끝을 짐작하기 어렵다는 것이다.

출산율이 우리의 관심을 끌기 시작한 건 2018년부터였다. 합계 출산율이 1명 이하로 떨어진 것이 그 시점이었다. 그러나 본격적으로 사회적 의제로 떠오른 건 2023년 들어서부터다. 2018~2022년 사이에 합계출산율이 무려 0.2명이나 하락하면서 이런 속도라면 5년 후 0.6명대로, 다시 5년 후엔 0.4명대로 내려갈 것이라는 서슬 퍼런 전망까지 나왔다. 이런 섬뜩한 통계에도 불구하고, 2023년 상반기까지도 정부 당국에서는 아무런 대응이 없다시피 했다. 길게 보더라도 출산율이 하향 추세를 그리던 수십 년간 그 어떤 정부도 이를 심각하게 받아들이고 대책을 강구한 흔적을 찾아보기 힘들다. 물론 아예 없지는 않겠지만, 이것이 국가의 존폐 위기라는 인식 아래 접근하는 데는 부족했다는 것이다.

오히려 정부보다 더 빠르게 반응한 곳은 유튜브 등 디지털 공간이었다. 많은 유튜버가 출산율이 OECD 최저라는 문제를 다루면서 원인과 전망에 관해 다양하게 분석하기 시작했다.

내가 운영하는 유튜브 채널 〈채부심〉에서 '분석왕'이라는 코너로 수도권 과밀화의 부작용을 다룬 것도 2023년 상반기 그 무렵이었다. '수도권 과밀화의 부작용'이라는 말은 통상적으로 부동산 시장에서는 다소 앞뒤가 맞지 않는 표현이다. 부동산은 모여 있으면 있을수록 집적 효과cluster effect로 인해 가격이 상승하는 것이 일반적이다. 이는 피할 수 없는 섭리라는 인식까지 존재한다. 도시란 커지

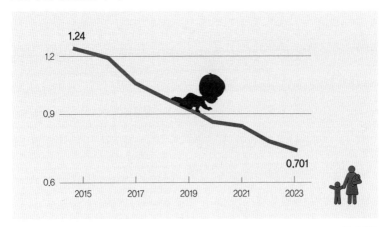

**2분기 합계출산율 추이**

자료: 통계청

고 거대화할수록 좋은 것으로 받아들여졌는데, 그 이유는 크면 클수록 규모의 경제가 이뤄진다는 믿음이 지배적이었기 때문이다. 쉽게 말하자면 대마불사의 논리다. 실제로 중심부 토지나 주택, 건물 가격이 급등하는 것은 경제성장의 성과로 받아들여졌다. 이 과정에서 초래되는 집적 효과의 부작용은, 예를 들어 교통혼잡 비용의 증가나 자산 불평등 심화는 이른바 자본주의 경제에서 당연히 받아들여야 할 그림자쯤으로 여겼다.

## 수도권 과밀화와 출산율 감소

수도권 과밀화의 부작용에 대해 근본적으로 재검토하기 시작한 계기는 역설적이게도 교통문제가 아니라 출산율 감소 때문이었다. 다음과 같은 의문이 생긴 것이다. 도시 과밀화로 인해 사람들이 시간 부족에 시달리는 생활을 해야 한다면, 또 지속적인 초과밀 상태로 끊임없이 경쟁 압력을 받아야 하는 구조라면, 저출산 문제는 필연적인 일이 아닐까? 그렇다면 수도권 과밀화의 부작용은 단순히 많은 도시경제학자가 언급한 교통혼잡 비용 정도를 넘어서서 말 그대로 국가 소멸을 몰고 오는 것이 아닐까?

저출산의 원인을 둘러싸고 다양한 분석이 이루어지고 있다. 특히 유튜브 댓글을 보면 각양각색의 민심이 적나라하게 드러나곤 하는데, 2030세대 남성의 경우 남녀 간의 갈등과 반목 그리고 과격한 페미니즘이 주요 원인이라는 댓글을 쏟아냈다. 또 모든 연령층에서는 높은 주택가격 때문이라는 반응이 상당히 많았다. 혹은 싸잡아서 결국 경제문제라는 포괄적인 답변도 있었고 드문드문 혼인과 출산에 대한 가치관 변화가 원인이라는 언급도 있었다.

나는 〈채부심〉 채널의 영상에 달린 수천 개의 유튜브 댓글을 거의 모두 읽는 편이다. 이런 글을 읽을 때마다 사람들의 생각이 참 다양하다는 데 새삼 놀라면서도 그러한 생각의 기저에 있는 실체는 무엇일까가 늘 내 탐구의 주제였다. 우리나라는 왜 다른 OECD 국가들과 비교해서 압도적으로 출산율이 낮을까? 출산율은 왜 2016년부터 급격하게 추락했고 회복하지 못하고 있을까? 도시화와 높은 주택가격은 다른 많은 나라에서도 발생하는 현상인데 왜 유독 한국만 유난스러울 정도의 낮은 출산율 수치로 이어질까? 이러한 질문에 대한 답을 찾기 위해 고민하고 분석하기 시작했다.

나는 학부에서 건축학을 전공했다. 건축학에서는 인간은 도시 건축물의 영향을 받는다고 가르친다. 넓은 공터에 서면 자유를 느끼지만, 좁은 건물 사이에서는 위압감을 느끼는 것처럼 사람은 공간 구조에 영향을 받는다. 결국 인간은 도시 건축물과 도시구조로부터 영향을 받기에 현재 발생하는 문제는 우리나라의 도시에서 원인을 찾는 것이 타당하다는 결론에 이르렀다. 마침 2023년 12월 한국은행에서 발표한 보고서는 내 생각에 과학적 근거를 제공했다. 한국은행의 이번 보고서는 수도권 과밀화의 문제를 정면으로 다뤘다.

## 출산율 0.7명이 불러올 미래의 파장

우리나라에는 초고집적도(인구 밀집도 55% 이상)를 보이는 '수도권'이 오랜 기간 존재했다. 이러한 인구 구조는 2010년대 중반 이후 더욱 공고해지고 있다. 수도권의 초과밀은 세계 다른 나라의 과밀 수준을 넘어선다. 이 현상이 우리나라가 출산율 제로를 향해서 가는, 소위 '멸망의 사이클'에 올라타게 했다는 것이 한국은행이 펴낸 보고서의 내용이었다. 강한 '경쟁 압력'과 고용-주거-양육 측면에서의 불안이 겹치면서 우리나라 청년들이 아이를 낳지 않는다는 것이다.

여기서 경쟁 압력은 일자리 불안, 취업 경쟁 심화, 청년 실업률

등에서 비롯되는 심리를 의미한다. 체감 경쟁 압력이 높으면 높을수록 출산 의지가 낮게 나타났다. 고용 불안 측면에서도 고용 안정성에 따라 결혼 의향에서 차이가 크게 났다. 취업을 못 하거나 혹은 하더라도 비정규직이면 결혼하려는 의사가 낮았다. 다른 많은 나라에서도 청년고용률이 낮을수록 출산율이 하락하는 것이 발견되었다. 주거 불안의 경우는 주택가격이 높아질수록 출산율이 낮아졌다. 양육 불안은 육아 휴직의 실제 이용 기간이 짧을수록 출산율이 낮았다. 개인별로는 자녀를 지원해야 한다는 의무감이 강한 청년일수록 결혼 희망과 출산 희망, 자녀 수가 적게 나타났다. 한 설문조사에서 한국의 미혼 청년들을 대상으로 결혼을 하지 않는 이유를 물었더니 고용-주거-양육 문제가 압도적 1위를 차지했다. 그 외로 개인주의나 비혼주의 등 가치관의 새로운 변화가 나타난 점도 작용했다.

출산율 0.7명이 얼마나 심각한 수치인지 그 의미를 실감하기 어렵다. 간략히 설명해보겠다. 남자 40만 명, 여자 40만 명으로 구성된 인구 80만 명의 사회가 있다고 가정해보자. 모든 남녀가 1 대 1로 결혼한다면, 40만 가구가 생겨난다. 이때 합계출산율이 0.7명이면 자녀는 28만 명(40만 가구×0.7)을 출산한다는 뜻이다. 한 세대가 흐르고 28만 명 중 남녀가 각각 14만 명일 때, 이들이 모두 가구를 이뤄서 14만 가구 기준 0.7명을 출산하면 9.8만 명의 손자녀 세대가 나온다는 것을 의미한다. 즉, 전체 인구가 80만 명 규모이던 세대에서 단 2세대만 흘러도 9.8만 명으로 사실상 거의 8분의 1 수준으로 감소하는 것이다. 실제 70만 명이 태어나던 세대들이 28만 명을 낳고 있고, 60만 명 태어나던 세대들이 21만 명을 낳고 있다. 그렇다면 40만 명 태어나는 세대들은 14만 명을 낳을 것이고, 이것이 반복되면 저 숫자는 금세 우리의 현실로 닥쳐올 것이다. 그나마 이것도 합계출산율이 0.7명으로 유지될 때의 얘기다.

서울처럼 0.5명대가 유지된다면 그 도시의 삶은 어떻게 변해갈까. 매년 약 40~45만 명을 위한 영유아 보육시설, 초중등 교육시설, 대학과 대학원, 사회 기반 시설, 주택과 공공건축물 등은 어떻게 될 것인가. 매년 유지되는 인구수에 맞춰서 운영되던 기반 시설들이 미래에 10만 명대를 맞이한다면 엄청난 공실 사태를 피하지 못하고, 그 기능들은 개점휴업 상태를 맞을 수밖에 없을 것이다. 이러한 현실을 이 사회가 감내해낼 수 있을까? 아울러 군대나 의료, 교육 등에서 상당한 서비스가 소멸할 가능성이 커진다. 그러면 자산 시장, 특히 부동산 시장에는 어떤 일이 벌어질까?

## 초저출산율과 부동산의 미래

합계출산율은 여성 한 명이 가임기간(15~49세)에 낳을 것으로 기대되는 평균 출생아 수를 말한다. 합계출산율 1.3명을 밑도는 현상을 설명할 때 '초저출산'이라는 표현을 쓴다. 말 그대로 회복이 불

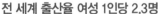

## 전 세계 출산율 여성 1인당 2.3명

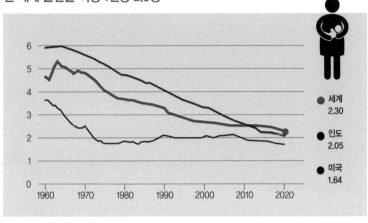

● 세계
2.30

● 인도
2.05

● 미국
1.64

2020년 기준

자료: 세계은행

가한 출산율이라는 의미다. 우리나라는 초저출산 사태가 벌어진 이후에도 오랜 기간 변화를 만들어내지 못했고, 급기야 전 세계에 유례없는 최저출산, 혹은 제로 출산을 향해 성큼성큼 가고 있다. 그 어느 나라를 봐도 합계출산율이 1명 이하인 나라가 없으며, 일본조차도 1.3명이 넘는다. 미국은 1.6명에 육박하고 있다. 특히 프랑스는 1990년대 한국과 유사한 1.6명대에서 2000년대에는 오히려 2.0명을 넘기기까지 했고, 최근엔 급락했다지만 여전히 1.7명이다. 따라서 현재의 제로 출산 시대로의 전환을 지금 시점에서 막지 못한다면, 우리나라는 말 그대로 사라지는 나라, 소멸의 길을 걷게 될 것이다. 안타깝지만 이미 80%의 확률로 한국의 소멸은 확실해지고 있다.

이런 국면에서 한국의 부동산을 포함한 여러 종류의 자산은 어떻게 될 것인가? 시장 참가자들은 여전히 수도권이 더 거대해져야 서울의 지위가 유지된다고 생각하는 경향이 있는 듯하다. 그러나 서울 역시 아래에서부터 텅 비어가고 있다. 2024년 1학년 입학생 수가 35만 명으로 역사상 처음으로 40만 명을 밑돌면서 초등학교가 심하게 축소되거나 사라지는 중이다. 앞으로 6년간 초등학교는 사실상 전체의 절반이 사라질 운명이다. 이후 차례대로 중·고등학교에 이어서 대학교, 또 여러 다른 시설들이 공실화할 것으로 예상한다. 도시가 주거나 보육과 관련한 기능을 제대로 제공하지 못할 때, 또 많은 건물이 공실화할 때, 단순히 넓고 크다고 해서 가치를 보존할 이유가 될 수 있을까? 근본적으로 국가 소멸 수준의 인구 감소가 나타날 때 어떤 자산이, 어떤 경제가 건강할 수 있겠는가. 시장은 이 부분에 대해서 너무 낙관적인 것 같다.

## CHAPTER 2

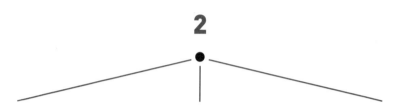

# 이미 막이 열린
# 수도권 붕괴 시나리오

2023년 중반기에 서울, 경기, 인천 지자체가 모여서 2040 수도권 광역도시계획 초안을 발표했다. 광역도시계획은 도시계획 체계상 최상위 계획이자 광역계획권의 장기 발전 방향을 제시하는 계획으로, 2040년 수도권 광역도시계획은 향후 20년간 수도권의 발전 방향을 규정짓는 프로젝트라고 할 수 있다. 이 자리에서 궁극적으로 제시된 목표는 현재 런던, 파리, 로스앤젤레스 등과 더불어 세계 5위권을 차지하는 서울·수도권을 더욱 성장시켜 도쿄와 뉴욕의 뒤를 잇는 세계 3위 메트로폴리스로 만들어야 한다는 것이었다. 즉, 추가적인 수도권 거대화가 주된 방향이었다.

도시경제학적 관점에서 도시의 거대화, 메가시티 혹은 메가리

전Mega Region화는 경제적으로 매우 유리한 전략처럼 들린다. 커서 나쁠 게 무엇이겠는가. 특히 1980년대 이후 도시를 경제학 관점에서 보는 도시경제학이 성장하면서 거대화는 진리처럼 받아들여진다. 이러한 맥락에서 수도권의 집중화를 더욱 가속해서 글로벌 경쟁력을 갖춰야 한다는 정책 기조는 어쩌면 타당해 보일 수도 있다. 대도시권 경제는 집적 효과가 있고, 실제로 한국은 반세기 이상 그런 방향을 통해 성장해왔다. 게다가 자본주의 사회에서 모두가 다 잘살 수는 없으니 승자와 패자를 받아들여야 한다는 인식도 이를 거들었다. 즉, 대도시권을 위해서 희생되는 혹은 사라지는 소도시권에 대해서는 크게 관심을 둘 이유가 없는 것이다. 승자독식. 그리하여 도시경제학자들은 세계의 다른 선진국과 경쟁하기 위해 선택과 집중을 해야 하는데, 지방의 활력을 일정 부분 포기하고 수도권에 역량을 집중해야 한다는 의견을 빈번하게 제시했다. 이것이 전문가의 높은 식견으로 받아들여져 수도권의 성장 전략은 더욱 거대화하는 쪽으로 결론이 이어졌다. 그러나 과연 그럴까?

## 수도권 집중 현상의 시작

수도권 집중화는 초기에는 서울 한곳으로의 집중이었다. 휴전 협정 직후 200만 명에도 미치지 못하던 서울 인구는 1960년대 대대적인 이촌향도離村向都의 물결을 거치면서 불과 20여 년이 지난

1979년에 800만 명의 인구를 기록하고, 1988년에 최초로 천만 명에 도달한다. 특정 권역이 이 정도로 급속하게 인구가 증가한 경우는 세계사적으로도 매우 보기 드문 사례다. 이런 서울 집중 현상의 문제는 1960년대부터 이미 두드러졌다. 비좁은 강북권역에 400만 명가량의 인구가 몰리다 보니 도시 빈민, 판자촌, 범죄 같은 문제들이 중첩되어 나타났다. 여기에 더해 1960년대 말에는 북한이 재침공할 우려가 있다는 안보상의 이유도 거론되면서 당시 박정희 정부는 강남 지역을 새로운 거점으로 개발할 계획을 세웠다.

고 손정목 교수의 책《서울 도시계획 이야기》1~5부와《한국도시 60년의 이야기》1~2부는 강남이 어떻게 개발되고 지금의 지형으로 형성되었는지를 자세히 서술한다. 또 당시 서울 개발에 대한 박정희 대통령의 계획을 매우 생생하게 묘사한다. 두 책 다 당시의 실상을 낱낱이 기록한 역사서로서 가치가 높다. 그렇게 박정희 정부가 1970년대에 군사작전처럼 강남을 개발한 이후 서울의 인구 팽창 속도는 더 가파르게 상승한다. 이에 따라 서울시라는 한정된 공간에 지방에서 몰려드는 이민 인구를 모두 수용하는 것은 어렵다는 것이 명확해진다.

박정희 대통령 시절부터 충청도 지역으로 수도 이전을 계획하게 된 것도 이 때문이다. 인구 천만 명을 수용하기 위한 규모로 강남은 턱없이 작았기 때문이다. 그러다 1980년대에 접어들면서 계획이 달라진다. 박정희 정부를 이어받은 전두환 정부의 주된 정책은 택지 개발을 통해서 신도시를 대거 공급하는 쪽으로 방향 전환을 한다. 이후에는 서울 주변에 대규모 신도시를 조성하면서 서울·수도권을 광범위하게 확장하는 방향으로 도시계획이 입안된다. 그리하여 1980년대 중반에 소위 0기 신도시라고 불리는 상계와 목동이 개발되었으며, 1980년대 후반에 분당, 일산, 중동, 평촌, 산본 등 1기 신도시가 조성되어 현재 경인 수도권의 골격이 완성되었다. 그 결과 1990년대부터는 서울뿐만 아니라 '수도권'이라는 권역이 확립되었다. 그리고 이때 신도시를 조성하기 위해 수립된 법이 '택지개발촉진법'이다.

수도권 팽창은 자연스럽게 서울로 일자리 집중을 수반했다. 그런데 서울시 강남권의 상업용지들은 당시만 해도 텅 빈 나대지 상태였다. 1990년대 들어서야 이 지역들이 개발되기 시작했기에 당시의 최첨단 건축 기술을 총동원하여 초고층 건축물로 채울 수 있었다. 상업용지들이 추가로 개발되면서 빽빽한 고층 건물로 빌딩숲을 이루었다. 특히 1997년 IMF 외환위기가 찾아오면서 이후 글로벌 시장에 노출된 한국 오피스 시장은 세계 최신 트렌드로 단박에 탈바꿈했다. 현재 유명한 건축물도 이때 대거 건설되었다. 프랑스 건축가 마리오 보타Mario Botta가 설계한 강남 교보타워는 1999년 설계하여 2003년 준공되었고, 테헤란로의 포스틸타워는 2003년 준공되었다. 강남 파이낸스빌딩(GTC)으로 유명한 구 스타타워는 2001년에 준공되었다. 그리고 자연스럽게 화이트칼라 사무직 일자리가 강남권에 집약된다.

1기 신도시에는 당연히 업무시설을 건설할 토지가 구획되어 있었다. 그런데 1기 신도시가 준공된 1994년 이후 약 3년 만에 IMF가 찾아왔고, 상업시설에 대한 수요가 급격히 줄어들자 주택을 포함한 주상복합의 개념으로 변경하여 짓기 시작했다. 1기 신도시에 업무시설이 아니라 주거시설이 더욱 많이 들어서게 된 계기였다. 그 결과로 1기 신도시 전체가 주거 중심의 도시 기능만 발전시킨 형태로 2000년대를 맞이했다. 이러한 도시구조는 자연스럽게 '서울 강남 일자리 집중'이라는 거대한 수도권 도시구조의 고정 틀로 연결되었다. 동시에 1기 신도시 가운데 분당을 제외하면 상업/업무 지구의 형성이 늦었기 때문에 주거 기능에만 충실한 베드타운으로 역할이 굳어졌다. 결과적으로 일자리는 서울에서, 주거는 경기도에서 해결하는 '먹이(일자리)와 둥지(집)의 괴리'가 발생했다. 이런 이원화된 구조에서도 서울·수도권은 2023년 현재까지 지속적으로 규모가 확대되고 있다.

## 본격화한 지방의 인구 소멸

현재 수도권에는 약 2,600만 명이 거주하고 있다. 이는 전국 인구의 약 52%에 달한다. 세계적으로도 유사 사례를 찾아보기 어려운 밀집도이다. 도쿄나 파리, 뉴욕 등 서울·수도권보다 비대한 규모

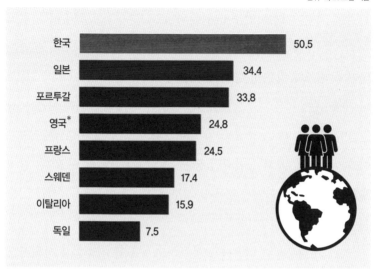

**주요국 수도권 인구 비중 현황**

단위: %, 2022년 기준

| | |
|---|---|
| 한국 | 50.5 |
| 일본 | 34.4 |
| 포르투갈 | 33.8 |
| 영국* | 24.8 |
| 프랑스 | 24.5 |
| 스웨덴 | 17.4 |
| 이탈리아 | 15.9 |
| 독일 | 7.5 |

* 2019년 기준

자료: 한국은행

를 갖춘 광역권이 분명 존재하지만, 이들 중 전국 인구의 50%를 차지하는 곳은 없기 때문이다. 파리의 경우 1,400만 명으로 프랑스 인구 6,700만 명 중 20%선이며, 도쿄의 경우 4천만 명으로 전체 일본 인구 1억 2천만 명의 3분의 1 수준이다. 뉴욕 광역권의 경우 약 2,200만 명으로 규모가 크지만, 미국 전체 인구 대비 7%밖에 차지하지 않는다. 다시 말해 어느 나라든지 아무리 거대한 거대도시권역Mega Region이 있다고 하더라도 한 국가 전체를 압도하는 규모는 아니라는 것이다. 세계 각국에서 공통으로 수도권 집중 현상이 관측되고 있다고 해도 이는 우리나라와 비교할 수준이 되지 않는다.

수도권 집중화의 대표적인 단점은 무엇일까? 바로 교통문제다. 한정된 권역에 많은 인구가 밀집되어 있으니 도로 교통이든 철도 교통이든 교통혼잡 비용이 높을 수밖에 없다. 실제로 우리는 다른 국가와 비교해 유난히 통근이나 통학에 걸리는 시간이 길다. 특히나 서울·수도권은 한층 심각한 편이다. 우리의 통근통학 시간은 평균 58분으로 OECD 주요 국가 대비 2배 이상 길고, 수도권은 70분이 넘어가므로 가히 살인적인 통근통학 시간이라 할 수 있다. 현재도 수도권 통근통학자들은 매일 하루에 2시간 30분 넘는 시간을 통근통학에 소비하고 있다.

이러한 교통혼잡 비용에도 불구하고 수도권 집중화를 사회적으로 용인하고 오히려 정책적으로 의도하는 이유는 무엇일까? 그간 수도권 집중에 의한 경제적·산업적·사회적·문화적 집적 효과가 대단히 효율적으로 기능했기 때문이다. 교통문제쯤이야 다른 효용을 위해 감내할 만한 비용이라는 인식이 자리 잡아왔다. 총체적으로 보면 수도권 집중의 장점이 단점을 압도하고도 남는다는 것이 현재까지 주류 인식이었다. '버는 것' 대비 '지출 비용'이 싸다는 생각이었다. 혼잡 비용은 성장을 위해 감내해야 할 대가라고 생각했다. 수도권 발전은 곧 대한민국 발전이라는 인식이 존재해왔다.

하지만 지금부터는 이야기가 달라질 수 있다. 그동안 수도권의 거대화와 그에 따른 효율화를 뒷받침할 수 있었던 여러 가지 기반 요인이 있었는데, 이제는 그런 요인이 사라지고 있기 때문이다. 바로 지방의 인구 소멸이 본격적으로 시작했다는 점이다. 인구 감소를 되돌리는 데 들어갈 비용은 얼마인가? 우리 사회는 말 그대로 측정 불가의 희생을 치러야 할지 모른다.

## 서서히 다가오는 수도권 붕괴의 전조 현상

최근에 출산율 감소를 논하는 이런저런 자리를 둘러보면, 우리도 다른 나라로부터 이민을 적극적으로 받아 국내에 유입시키는 방식으로 문제를 해결할 수 있다고 생각하는 사람들이 다수 존재한다. 국내 상황을 개선하여 지방 소멸을 방지하고 높은 출산율로 다시 가자는 주장이 아니라, 낮은 출산율과 지방 소멸을 받아들이고 수도권의 지속적인 발전을 위해서 해외 이민을 적극적으로 수용해야 한다는 논리다. 한마디로 수도권 제일주의에서 나온 해결책이라 할 수 있다. 이런 주장이 주류 언론이나 정치권 혹은 시장에서 저항 없이 받아들여진다는 데서 놀라움을 금할 수 없다.

그동안 수도권이 높은 성장률을 보인 배경에는 출산율이 낮음에도 청년 인구가 외부에서 지속적으로 유입됨에 따라 인구와 가구 수의 증가로 경제 규모가 꾸준히 커졌던 영향이 크다. 즉, 지방에서 성인이 된 청년들이 수도권으로 들어오고 그 흐름이 이어지면서 성장해온 것이다. 수도권과 지방은 사실 공생관계였다. 이를 '국내 이민'으로 표현할 수 있다. 지방의 청년들이 수도권으로 이민을 오는 것과 마찬가지이다. 이처럼 서울·수도권은 지금까지 지방으로부터 이민을 통해 청장년 생산계층을 지속적으로 확보해왔다.

이는 사실 서구 선진국들이 이민을 통해서 누리는 효과와 같다. 서구 이민자들의 경우, 모국에서 성장한 다음 산업 인력으로서 효용을 갖춘 성인이 되면 선진국으로 이민 가서 해당 국가의 경제와 성장에 기여한다. 해당 국가는 이주 노동자에게 양육비와 교육비 지출 부담을 면제하면서 효용 있는 노동 인력을 확보할 수 있다. 각국에서 이주 노동자를 유입시키는 이유가 큰 틀에서 보면 여기에 있다. 우리는 이 노동 인력의 확보를 국외 이민 대신 '국내 이민'으로 해결해왔다고 할 수 있다. 지금까지는 지방의 인구와 출생아 수가 어느 정도 유지되었기에 이런 구조를 지탱할 수 있었다. 지방에서 태어난 사람이 고향에서 성장기를 보내다가, 대학에 갈 때나 취업할 때쯤 수도권으로 이주하는 식으로 수도권의 성장이 진행되었다. 특히 20대에 지방을 포함해 모든 시도 지역을 떠나 서울로 상경하고, 30대부터는 모든 나이대에서 다시 서울을 떠나 경기도 등지로 가서 정착하는 것이 수도권 거대화의 과정이다. 이는 통계청 자료를 통해서 너무 명징하게 보인다.

이러한 과정을 전체적으로 보면 지방의 재정과 기업, 가계의 소득이 개인을 위해 투입되지만 그 개인은 성인이 된 후 고용과 소비, 생산 등 전반적인 경제활동을 수도권에서 하므로 수도권의 경제성장은 계속되는 반면, 지방은 경제적 위축을 거듭할 수밖에 없다. 결

## 연령별 인구 이동 – 서울시

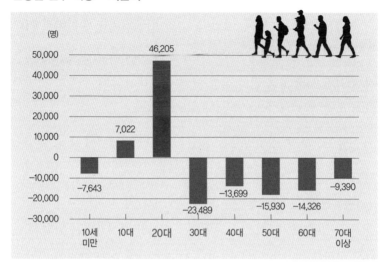

## 연령별 인구 이동 – 서울 외 전국

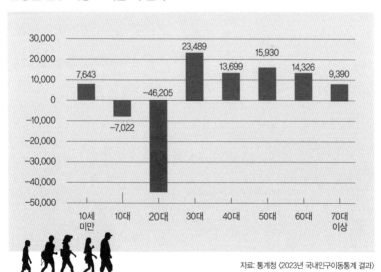

자료: 통계청 〈2023년 국내인구이동통계 결과〉

과적으로 수도권 규모는 전국을 압도하는 수준이 되었으며 지방은 소멸 단계에 접어들었다. 당연히 국내 이민도 더는 증가하기 어려운 시점이 왔다. 지방에서 올라오는 국내 이민을 가정하고 현재까지 조성된 서울·수도권의 산업 체계가 미래에도 유지될 수 있을지는 회의적이다. 즉, 더는 20대가 서울로 올라오지 못하는 상황에서도 서울은 계속해서 성장할 수 있는가? 아마도 그러지 못할 것이다. 그런 조짐이 현재 조금씩 나타나고 있다.

도시화의 역사가 짧은 우리나라에서는 아직 찾아보기 힘들지만, 서구권에서는 도시가 성장할수록 도시가 죽어간다는 역설적 현상이 이미 상식이 되었다. 처음 조성된 도시가 오랜 부흥의 기간을 거치다 보면 기본적으로 주택가격이 상승한다. 그러다 보면 해당 도시에 거주하거나 해당 도시를 기반으로 생활하는 사람들이 높아진 주거비를 더는 감당하지 못하고 외곽지대로 밀려 나가고, 결과적으로 도시 곳곳에 사람들이 빠져나간 음영지대가 속출한다. 이것이 건물 단위면 공실이 되며, 지역 단위가 되면 슬럼이 된다.

현재 미국 대도시 로스앤젤레스에 존재하는 스키드로우Skid Row 지역이 대표적 사례이다. 혹은 도시 전체가 공동화되어 버려지는 예도 적지 않다. 말하자면 도시도 생물처럼 일종의 생애주기가 있으며 일정한 성장 단계를 넘어가면 자생력을 잃으면서 지속 가능성을 상실하고 죽음을 맞는다는 것이다. 현재 서울에도 신입생을 구하지 못한 초등학교들이 폐교하는 사례가 나오고 있다. 언젠가 학생 수가 큰 폭으로 감소할 때 이들 학교 공간도 공실, 주변 학원가도 공실로 이어질 것이다. 주택가는 말할 것도 없다.

수도권 붕괴의 전조나 징후는 이외에도 많다. 대표적으로 의료 공실을 거론해볼 수 있다. 현재 우리의 의료는 대형 의료기관들이 시장을 과점화하는 경향이 있다. 이렇게 과점 체제가 형성되다 보니 빅5로 대표되는 대형 의료기관이 아닌, 중소형 의료기관, 특히 지방의 지역 의료를 주된 목적으로 하는 병원들은 수익성을 상실하면서 경영 악화를 겪고 있다. 이는 지방 군소 병원의 폐업으로 이어진다. 나중에 가면 수도권도 예외일 수 없다. 주민의 일상 의료 수요를 감당하는 지역 병원들은 통폐합되고, 결국 몇몇 3차 의료기관만 남는 방향으로 진행될 것이다. 실제로 얼마 전에 서울 중구에 있던 개원 82년 된 백병원이 수익성 악화로 폐원을 결정했는데, 현재 진행되는 상황을 단적으로 잘 보여준 사례다.

도시 서비스 중 의료만이 소멸 예정은 아니다. 도시가 성장할수록 각각의 특정 섹터는 중심지에 있는 몇몇 대형 업체에 의해 독과점되는 경향이 있다. 현재 한국의 사무 기능을 서울·수도권의 강남, 여의도, 광화문 등 몇몇 오피스 권역에서 독점하고 있듯이 말이다. 이렇게 될 때, 나머지 지역들은 독과점에 밀려 해당 기능을 상실하면서 주택만 남아 베드타운으로 변한다. 이러한 베드타운의 경우 생활상 문제를 가까운 권역에서 해소할 수 없다 보니 삶의 질이 떨어져 주민 이탈이 발생하게 된다.

말하자면 도시권 성장의 역설이라고 할 수 있다. 특정 핵심 권역이 성장하고, 그쪽으로 기능이 집중되면 해당 권역의 주택 및 상업시설의 가치는 증가한다. 하지만 이 또한 일정한 임계치를 넘어서면 주위를 둘러싼 권역부터 붕괴가 진행된다. 종국에는 인력 수급을 주변 지역에 의존하는 핵심지까지 소멸하는 결말로 이어진다. 앞서 언급했듯이 이는 유럽이나 미국의 도시에서는 매우 빈번하게 발생한다.

## 해외 이민자를 받아들이면 해결될까?

정부나 정치권 역시 이런 수도권 붕괴 조짐을 느끼고 있어서 자연스럽게 해외로부터 이민 인구를 유입시키자는 논의를 발전시키고 있다. 실제로 정부에서도 최근에 적극적으로 이민 정책을 펴겠다고 밝힌 바 있다. 하지만 여기에서 간과한 사실이 있다. 해외 이민도 무한한 자원이 아니라는 점이다. 실은 해외 이민 시장에서도 갈수록 공급은 줄고 반대로 수요는 증가하고 있어 이민자 유치 경쟁이 격화하고 있다. 즉, 인구 감소에 대비하고 이민을 독려해온 여러 나라들과 같은 연장선상에서 우리 역시 치열한 경쟁을 통해 이민자를 흡수해야 하는 처지가 되었다.

현재 우리나라만큼 심각한 수준은 아니지만, 대부분 선진국에서도 비슷한 출산율 문제를 겪고 있다. 한 국가가 현재 인구 규모를 장기적으로 유지하는 데 필요한 출산율을 대체출산율이라 하는데, 그 수치는 2.1명이다. 하지만 2.1명을 유지하는 국가는 거의 없다. 대다수 국가가 이민을 통해 인구를 유지하고 있다. 그나마 이 국가들은 출산율이 높게는 1.7에서 적게는 1.2로, 한국보다는 상황이 괜찮은 편이다. 즉 인구 부족분이 있다고 해도 대체출산율 기준 0.4에서 0.9 정도 미달한 상태이므로 이민으로 충당 가능한 수준이다. 반면 이미 합계출산율이 0.7로 떨어진 우리는 대체출산율과의 차이가 1.4가량이 되므로 위의 국가들과 비교해 이민 인력의 유입 필요성이 훨씬 더 높다. 적정 인구수를 유지하기 위해서 1년에 최소 20만 명씩 이민을 받아들여야 한다고 하는데, 이는 어쩌면 불가능한 목표일 수 있다.

다소 어색한 표현이지만, 안타깝게도 인력을 수출하는 국가 역시 갈수록 줄어들고 있다. 지금까지 인력 수출은 주로 2차 세계대전 이전에 구미 열강 제국들에 의해서 식민 통치를 받았던 아프리카나 아시아의 제3세계권에서 이루어졌다. 이는 이 국가들의 출산율이 높았으며, 피식민 경험으로 인해서 유럽이나 미국과 문화적 연속성이 있었기 때문이다. 인도나 파키스탄에 살던 사람이 영국에 이민을 간다든지, 서아프리카 출신이면 프랑스로 이민을 한다든지 하는 일은 지금도 일반적인 이민 경로다.

한데 지금은 아프리카나 아시아 역시 출산율이 급격히 줄어드는 실정이다. 아시아는 전체적으로 보면 이미 대체출산율인 2.1에

근접했으며, 아프리카 역시 2050년에는 인구 대체율 수준으로 출산율이 떨어질 전망이다. 말하자면 이제 인구를 공급할 지역도 점점 줄어들고 있는 현실이다. 쉽게 말해 이민을 받아야 하는 국가의 수는 과거보다 늘어난 반면, 이민을 보낼 수 있는 국가의 수는 과거보다 줄었다. 이런 상황에서 우리는 이민을 이제야 비로소 받아야 하는 신규 진입자라고 할 수 있다. 게다가 단일한 민족성(여기서 민족성은 혈연이 아닌 문화적 일체성, 즉 ethnicity의 일체성을 의미)이 오래 유지된 역사 또한 불리하게 작용한다. 현재도 이민 인력이나 이주 노동자들이 집단으로 거주하는 지역의 토착 주민들은 이를 탐탁지 않아 한다. 이러다 보니 이민 정책과 행정 역량 역시 다른 국가들과 비교해 축적되지 못한 상태다. 이민자 입장에서도 한국은 다른 서구 국가들보다 선호도와 만족도가 떨어지는 2급 선택지일 수 있다. 요컨대 이민 시장에서 한국은 해외 인력을 받고 싶다고 손쉽게 받을 수 있는 갑의 입장이 아니라는 것이다.

## 지속 가능한 한국을 위한 유일한 해법

이민도 해결책이 될 수 없다면 외부의 힘을 빌리지 않고 우리 스스로 해결할 수밖에 없다. 결국 지방의 자생 구조를 회복해야 하고, 이와 결부된 수도권의 지속과 성장 가능성을 담보하기 위해 수도권이 현재까지 누려온 성장의 과실을 지방으로 이전하면서 선순환 고리를 만들어내는 것이 필요하다.

　과거에 세종시로 대표되는 행정수도 이전, 공기업의 지방 이전 같은 정책이 크게 공론화된 적이 있다. 다소간 논란을 겪었지만 균형 개발을 위해 국민연금관리공단의 이전이 대표적 사례이다. 서울 송파구에서 전주로 이전한 이후에 인력 수급에 어려움이 있다는 비판이 나오긴 했지만 지금까지의 성과를 살펴보면 어쨌든 기금 운용 목표대로 적절한 운용 실적을 내면서 잘 운영되고 있다(물론 연금 수익률 제고가 더 필요하지만). 이렇게 공공조직이 지방에 가서도 얼마든지 좋은 성과를 내는 사례는 많다. 또 그런 성과적인 측면을 논외로 치더라도, 공공기관의 지방 이전은 해당 지역의 경제적·문화적 활력을 다시 불러일으키는 긍정적인 효과가 있으므로 지방으로 수도권의 기능을 일부 이전하는 것을 다시금 적극적으로 검토해야 할 때다.

　돌이켜보면 지금까지 우리 사회가 그렇게 성장해왔다. 현재 한국 경제의 중심이라고 하는 강남 지역도 처음에는 소외된 곳을 개발한 신도시였다. 지금은 화려하기만 한 빌딩 숲도 1970년대에는 논밭만 있던 낙후된 지역이었다. 초기의 강남은 덩그렇게 아파트만 지어진 촌이었기 때문에 도시 기능이 미비했다. 모든 도시 기능은 다 강북에 집중되어 있어서 대부분 사람이 강북에서 강남으로 이주할 필요성을 느끼지 못했다. 현재 서울에서 지방으로 이주할 필요성을 느끼지 못하듯이 말이다. 이때 박정희 정부에서 강남을 살리기 위한 극단적 처방으로 도시 기능 전체를 강남으로 옮겨버렸다. 강북 지역에 있는 명문 고등학교를 전부 강남으로 보내버린다든지, 강북에는 건축물 인허가를 금지하면서 더 이상의 개발을 막는 등 극약 처방을 잇달아 실시했다. 이렇게 강제 수단을 동원하여 도시 기능을 전부 강남에 배치하는 과정을 거치면서 강남은 새로운 중심지로서 간신히 자리 잡을 수 있었다.

그때의 교훈을 돌이켜보면 현재 지방을 살리려면 간헐적이고 미시적인 프로그램으로는 살아날 수 없다. 국가 전략 단위의 거시적이고 집약적인 계획을 실행해야 한다. 하지만 그때와 달리 현재 우리는 민주화가 성숙한 나라이며, 또한 시장경제가 고도화됨에 따라 여러 개인과 집단 사이의 이해관계가 복잡하게 얽히고설켜 권위적인 정부가 강제력을 행사해서 문제를 해소할 수 있는 단계는 지나갔다. 무엇보다 우리나라 자산의 근간이라 할 부동산 가격에 지대한 영향을 줄 수 있어서 그 누구도 선뜻 이러한 정책을 추진해나가기가 어렵다. 정치인 누군가가 도시 기능의 분산 혹은 지방 살리기 정책을 주장하기라도 하면 좌파로 몰리고 자산 가격을 방어해야 한다는 논리에 밀려서 결국 소리 소문도 없이 정계를 은퇴하는 수순으로 이어진다.

이제는 절박한 시점이다. 만약 아무런 정책적 대응 없이 세월을 흘려보낸다면 어느 순간 고령화와 국내 이민으로 상쇄할 수 없는 생산계층 감소 국면이 닥쳐오고, 벼락같이 공실이 넘쳐나거나 지역이 공동화되는 일이 한순간에 몰려올 것이다. 말 그대로 수도권 공동화, 그리고 소멸화다. 그때는 철옹성 같은 수도권 부동산 시장조차 지금과 같지 않을 것이다.

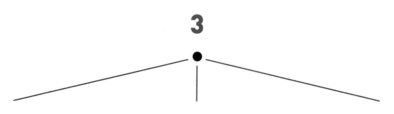

# '제로금리'라는
# 마약에 중독된 사회

제로금리, 이른바 2020~2021년 자산 시장을 강타한 이 시스템은 2021년 말에는 모든 자산 시장을 급등시키며 '모든 것이 버블 everything bubble'인 시대를 열었다. 이때의 강렬한 경험과 기억만큼 반대로 2022년 역대 최대속도의 기준금리 인상과 자산 시장의 붕괴 역시 강력했다. 이 과정에서 금리는 자산 시장의 방향성과 강도를 결정하는 핵심 요인으로서 시장에 완벽히 각인되었다. 2020년 이후에 금리와 자산 시장 간의 상관성이 너무 높게 잡히면서 전 세계 자산 시장의 투자자들은 금리를 결정하는, 특히 미국의 기준금리를 결정하는 연방준비제도위원회(이하 연준)의 연방공개시장위원회FOMC 미팅이 있는 날이면 연준 총재인 제롬 파월Jerome Powell의 한마디 한마디에 촉각을 곤두세우며 투자 전략을 세우곤 했다.

2022년 말부터 금리가 급격히 오르면서 자산 시장이 크게 위축 되었다. 그러나 시장은 2020~2021년의 제로금리를 늘 그리워했다. 금리가 내려가기만 하면 다시 주식이든 부동산이든 코인이든 다 오를 것이라 기대하며 금리 인하를 간절히 바라는 것이 요즘 형국 이다.

2023년 12월 FOMC에서 철옹성 같던 파월이 금리 인하를 논의 하고 있다고 발언하자마자, 소위 파월 '피봇'(금융 정책 방향 전환)이 생겼다며 시장의 금리 인하 속도가 단기간에 100bp(베이시스포인트) 를 낮출 정도로 빨라졌다. 시장은 메마른 사막에서 금리 인하라는 단비가 내리기만을 기다리는 기우제 형태로 변해가고 있는데, 이는 2020~2021년의 경험 때문이다.

좀 더 긴 시계열로 보자면, 금리는 2차 세계대전 후부터 1980년 까지의 고금리 기간과 그 이후부터 2020년까지의 약 40년이란 긴 기간 동안 중국이 저가품을 양산하는 세계의 공장으로 등장하면서 인플레이션의 상승 압력이 낮아짐으로써 시작된 저금리(이후 제로화 금리) 기간으로 나뉜다. 그리고 2018년 미-중 갈등 이후부터 다시 본격적으로 금리가 상승할 만한 환경 속에서 잠시 2020~2021년 코로나19 팬데믹으로 제로금리를 경험했다. 하지만 현재는 여전히 미국과 중국이라는 두 거대 힘을 중심으로 한 권역 경제 체제로 돌 아서면서 과거와 같은 1개의 지구촌에서 만들어낸 제로금리가 다시 오기보다는 중금리 수준을 이어갈 것이라는 전망이 지배적이다. 즉, 적당한 수준에서 금리가 유지될 것이라는 전망이 적지 않게 나오고 있다. 왜냐하면 현재는 제로금리를 지향하는 시대가 아니라, 결국 권역별로 다소 적절한 금리를 소화하는 시대로 전환하고 있어서다.

## 돈의 시간 가치를 무시하면 일어나는 일

금리에 관한 5000년 넘는 인류의 역사를 다룬 에드워드 챈슬러 Edward Chancellor의 《금리의 역습》에서는 금리를 다소 독특한 개념으로 설명한다. 금리를 바로 시간의 가치로 계산한 것이다. 1년 후의 1억원과 지금의 1억 원을 선택하라고 하면, 모든 사람이 지금의 1억 원을 선택할 것이다. 왜냐하면 미래의 1억 원은 1년이라는 시간을 기다려야 하기 때문이다. 여기서 1억이라는 돈이 1년의 세월을 기다리는 데 들어가는 비용을 금리라고 한 것은 오스트리아학파 중심의 금리에 대한 해석이다. 따라서 금리는 이론상 절대 제로가 될 수 없다. 왜냐하면 제로라는 것은 시간 가치가 제로라는 것과 같기 때문이다. 금리가 제로가 된다면 오늘의 1억이나 1년 후의 1억이나 같은 가치라는 의미이고, 결국 시간이라는 개념이 사라지는 셈이다. 그러나 인간은 영생하지 않기에 또 시간은 항상 앞으로 흐르기에 시간 가치란 소중하고 가치가 없을 수 없다.

금리가 시간의 가치라는 개념으로 경제를 바라본다면 많은 것들이 이해된다. 금리는 제로일 수 없고, 적절한 수준으로 유지될 수밖에 없다는 것이다. 그러나 전 세계는 말 그대로 '인위적 제로금리'를 이미 경험했다. 당시 처음으로 제로금리를 추진할 때는 과연 금리를 제로로 갈 수 있는지에 관한 논쟁이 치열했는데 이후 금리는 제로를 넘어 '마이너스 금리' 구간까지 가기 시작했다.

시간의 가치가 제로에 수렴하면 어떤 일이 발생할까? 《금리의 역습》을 쓴 에드워드 챈슬러는 역사적으로 인류가 금리가 낮을 때 했었던 일들을 상세히 서술한다. 먼저 초창기에는 낮은 금리로 할 수 있는 것 중 수십 년 이상 걸리는 대규모 기반 시설 등을 건설한다. 국가나 대륙을 연결하는 대운하나 해저터널을 포함한 공사들, 인류를 달로 보내는 프로젝트, 혹은 화성 탐사계획이나 시간이 수십 년 혹은 그 이상 걸리더라도 할 수 있는 일들에 대한 투자가 일어난다. 왜? 금리가 낮기 때문에 자연스럽게 시간의 가치가 낮아지고, 시간의 가치가 낮다면 100년 후까지 내다보는 사업을 할 근거가 충분해지니까 말이다.

두 번째는 이보다 좀 다른 형태로 나타나는데, 자산 시장이 크게 상승한다. 은행에 자금을 예치해도 금리가 제로이므로, 돈은 은행으로 가지 못하고 무언가 수익을 조금이라도 내는 곳으로 향하게 된다. 가장 대표적인 것이 주식과 부동산, 그리고 채권이다. 채권이야 금리가 오르면 가격이 낮아지고 금리가 내리면 가격이 올라가는 관계여서 직관적이다. 다른 자산도 상승하는데 주식에는 배당소득이 있고, 부동산도 임대소득이 나오고, 이런 소득이 일단 제로(0)만 아니라면 은행 예금보다는 좋은 것이 된다. 따라서 금리가 제로가 되면서 시장의 모든 자산은 과열로 치닫는다. 이러한 과정을 우리 인류는 여러 차례 경험하였으나, 금리가 말 그대로 완전히 제로까지 간 적은 없었다. 그러나 2010년부터 2017년까지 미국이 말 그대로 제로금리를 매우 오래 유지하는 동안에 시장에서는 소위 '모든 것이 버블'이라는 버블을 잉태했고, 코로나19 기간을 거쳐서 다시 제로금리가 되면서 완전히 자산 가격이 슈퍼 버블로 치솟았다. 미술품도 초고가로 거래되고, 디지털 자산인 NFT, 암호화폐 등도 마찬가지였다. 유사 이래 모든 자산이 동시에 버블로 치솟았던 적은 말 그대로 처음이었는데, 이것이 역사상 처음인 제로금리가 만들어낸 위력이었다. 제로금리는 시간 가치를 제로로 만드는 이론상 불가능해 보이는 일을 현실화해버렸다.

## 버블에 대한 강렬한 기억

제로금리의 산이 높았던 만큼 골도 깊었다. 2022년 전 세계적 금리 인상과 함께 제로금리의 시대는 끝났다. 세계 시장에서는 상당한 수준의 인플레이션 현상이 나타났다. 이에 제로금리 시기가 아니라 다 끝난 시점에 제로금리의 폐해에 대한 논의가 오히려 더 활발해졌다. 시장에서도 정부가 그간 시장의 경기 부양에 적극적으로 개입해야 한다는 케인스주의자Keynesian의 주장을 펼치는 사람들이 목소리를 높이다가도, 2022~2023년을 경험하고 나서는 제로금리를 경계하는 목소리가 다시 힘을 얻기 시작했다. 특히 제로화 금리 정책에 대해 미국에서도 12대 연준 의장이었던 폴 볼커Paul Volcker를 포함한 전설적인 인물들이 비판에 가세하였고, 과거 제로금리를 비판한 인물들에 대한 재조명이 잇따랐다.

2023년 말부터 지난 2년간 급격히 올랐던 물가가 내려가기 시작하면서 장래에 금리가 다시 내려갈 것이라는 기대가 커지고 있다. 하지만 문제는 시장 참여자들이 이미 제로금리라는 달콤한 맛에 취한 지 오래여서 금리가 한번 내려가면 다시 제로까지 내려가기를 기대한다는 것이다. 게다가 코로나19 시기의 그 강렬한 자산 시장 버블에 대한 추억을 놓지 못하고 있다. 마치 도파민이 과잉분비되어 중독된 것처럼, 제로금리와 자산 버블의 도파민에 중독된 듯하다. 이런 모습을 보이는 곳이 비단 한국만은 아니다.

노구치 유키오野口 悠紀雄의 책《1940년 체제》에도 현 상황과 유사한 1990년대 일본의 모습이 자세히 나와 있다. 유키오는 1991년 일본의 자산 시장이 붕괴한 후 수년간 아니 수십 년 이상 일본인들이 소위 '한탕주의'에 빠져 생산성을 잃었다고 표현했다. 쉽게 이야기해서 거시 경제의 변화로 자산 가격이 상승할 때 경제 상황만 잘 전망한다면 크나큰 불로소득을 기대할 수 있으니, 많은 사람이 힘들게 일할 필요가 어디 있겠냐고 생각한 것이다. 경제 상황의 변화로 하늘을 치솟던 자산 가격 버블이 붕괴했다고 받아들였으니 거꾸로 반대 방향의 경제 상황 변화를 기대하면서 사회 구성원 전체가 재테크 광풍에 빠져드는 것은 충분히 있을 수 있는 현상이다.

우리나라도 마찬가지로 2016~2021년 부동산 시장의 급격한 상승을 경험했고, 2022년 루나-테라 사태라고 불리는 일이 벌어지기 전까지 코인 시장마저도 불을 내뿜었다. 이러한 자산 시장 급등을 경험한 후 시장 참여자들 대부분이 다시 한번 금리가 제로까지 내려가기를 바란다고 해도 과언이 아니다. 그리하여 우리 사회에는 투자로 성공하여 파이어족으로 조기 은퇴하고, 돈을 마음껏 '플렉스'하는 삶을 꿈꾸는 청년들이 많아졌다. 유튜브에는 온통 이렇게 하면 돈을 번다는 식의 성공론, 즉 오로지 돈을 많이 버는 것이 성공이라고 주장하는 채널이 득세하게 되었다.

## 초저금리는 다시 돌아올까?

오크트리 캐피털의 하워드 막스Howard Marks는 2022년 이후부터의 금리 상승기가 과거와는 양상이 다르다고 주장한다. 1980~2020년까지의 세계화와 그로 인해 형성된 지구촌이라 불리는 거대 경제권 덕분에 가능했던 낮은 가격과 생산성 혁신이 제로화 금리의 기반이 되었다면, 2022년 이후부터의 금리는 다시 한번 미국권과 비미국권으로 세계 경제가 이원화되는 과정에서 중금리 시대가 상당히 오래갈 것으로 예상했다. 그는 이를 상전벽해sea-change라고 표현했다. 즉, 세계 경제의 구도가 1개의 지구촌에서 2개의 분절 체제인 미-중으로 양분되는 과정에서 다시 물가 상승과 고금리가 나타나기 시작한 것이어서 매우 오래 이어질 추세라는 것이다.

이러한 천지개벽 같은 상황 전개는 금리가 제로까지 내려간다기보다는, 상당한 금리 수준에서 고용이 안정되고 물가도 유지되는 상태가 오랜 기간 지속될 수 있음을 예고한다. 그렇기에 자산 시장에 대응하는 미래 전략도 달라져야 한다는 의미를 내포하고 있다.

그런데 우리는 여전히 부동산 중심의 사고관에 사로잡혀 있다. 이런 시점에 부동산의 건전한 조정을 기획하기는커녕 국가 전체의 인구나 가구가 급격하게 감소하더라도 부동산 가격 상승을 방해하는 수도권 기능 분산에 반대하고 있다. 게다가 정부마저 부동산 부양에 총력을 기울이는 모양새라는 점을 고려할 때 세계 시장이 근본적으로 변한 상황을 우리 정부만 외면하거나 모르는 듯하다.

제로금리와 시장 부양 정책은 수익을 내지 못하고 미래 전망마저 불투명한 부실 기업조차 쉽게 돈을 빌려 파산을 피하게 한다. 자본주의가 발전하려면 이런 경쟁력 없는 기업은 파산 절차를 통해 사라져야 하는데, 이런 시장 건전화 과정을 방해한다. 제로금리는 이렇게 투자자들의 윤리관을 왜곡하면서 현재는 다시 금리가 내려가기만을 기다리는 투자 괴물을 낳아버렸다. 이들에게 금리의 역습이 다가오고 있다. 금리는 곧 시간이며, 시간은 인간에게는 유한하기 때문이다. 시간의 가치가 제로일 수 없다는 오스트리아학파의 주장에 귀를 기울여야 한다.

## 우리가 재테크에 열을 올리는 이유

우리나라만큼 전 국민이 재테크를 열심히 하는 나라는 단언컨대 어디에도 없다. 지인 중에 재테크 유튜브 채널을 만들려고 글로벌 벤치마킹 사례를 찾는데, 미국에도 사례가 잘 없다면서 그 이유를 물어왔다. 그 질문에 나는 "재테크 채널의 전국적 붐은 오직 한국적 현상이고, 미국인들은 투자를 직접 하지 않는 경향이 있어요. 주식도 퇴직연금을 통해서 합니다"라고 답해준 적이 있다.

한국의 투자 열기가 세계 최고 수준인 그 근본 이유는 무엇일까? 돈을 추구하는 한국인만의 DNA가 우리도 모르는 어딘가에 박혀 있기 때문일까? 인간은 사회적 동물이고 사회 환경에 영향을 받는다. 따라서 한국인만의 특정한 행태가 존재한다면 그것은 우리나라만의 독특한 환경에서 비롯되었을 수 있다고 보는 것이 합리적일 것이다.

투자에 관한 우리의 관심도는 상상을 초월할 정도로 높다. 간단히 재테크 채널의 개수와 크기만 비교해봐도 알 수 있다. 유튜브 채널 중 구독자 200만 명이 넘는 재테크 채널을 심심찮게 발견할 수 있다. 인구가 우리 7배를 넘는 세계 금융의 중심지인 미국에서조차 가장 유명한 재테크 채널의 구독자 수가 400만 명을 조금 넘는 수준이다. 특히 유튜브에는 '투자/재테크' 등의 카테고리가 없어서 국내 주식/부동산/재테크 유튜버들은 각각 노하우/인물/엔터테인먼트 카테고리를 선택하곤 하는데, 이는 그만큼 외국에서 투자 관련 열기가 적다는 것을 보여주는 방증이다. 왜 유독 한국만 투자 열기가 뜨거운 걸까?

이는 한국 사회의 구성원들이 스스로 투자를 해야만 하는 환경이라서다. 그 배경으로는 국가로부터 노후 보장에 대한 기대를 하지 못한다는 점이 하나의 원인으로 작용한다고 추측할 수 있다. 특히 국민연금제도가 부실하고, 퇴직연금은 말도 못 하는 최악의 명목 수익률을 내고 있으며, 실질 수익률로는 오히려 마이너스를 내는 수준이다. 미국 등 다른 나라에서는 직장인이 회사 열심히 다니고 퇴직연금 부으면 40대에도 은퇴할 수 있도록 높은 수익률로 뒷받침하는 것과 사뭇 다르다. 어떻게 하면 더 빨리 은퇴할 수 있을지 고민하는 선진국과 달리 우리나라는 60세 넘어서도 일하고 싶어 노동법을 개정해서 정년퇴직 나이를 만 60세로 연장(2013년의 일이다)했던 나라다. 이렇게 사회 구성원들이 더 늦은 나이까지 일하면서 반대로 젊은 층의 취업은 갈수록 어려워졌다. 오랜 기간 회사를 다니는 가족 구성원 역시 다른 가족과의 관계를 원만히 형성하는 데 어려움을 겪는다. 그런데도 노후를 위한 경제적 보장은 미미하다는 점, 바로 이 부분이 은퇴를 앞둔 많은 사람에게 커다란 불안을 안겨주는 원천이 되었다.

이런 사회적 상황에서 제로금리가 만들어낸 자산 시장 버블은 우리를 투자의 대전성 시대로 이끌었다. 각자 부자가 될 꿈에 부풀었고, 그렇게 될 것처럼 느껴졌다. 이 때문에 자산 버블이 사그라진 후에도 여전히 재테크에 내몰린 삶을 살아간다. 근본적으로 투자란 위험자산을 매입하는 것이고, 위험자산은 원금 손실의 가능성이 항상 열려 있다. 이런 위험자산을 잘 훈련되지 않은 상태에서 투자하면서 리스크에 노출될수록 개인 자산은 증가하기보다는 점차 사라질 가능성이 더 크다. 그나마 부동산은 가격 그래프가 오랫동안 우상향하면서 가계의 부를 이루는 데 도움이 되었지만, 2022년 이후부터는 부동산에 대한 전망도 달라지고 있다. 특히 출산율 하락과 함께 근본적 변화가 불가피한 시장 상황에서 부동산 역시 예외일 수 없다. 국내 기업이야 수출을 하면 되지만, 국내 내수 시장이 축소되는 과정에서 부동산의 수요가 위축된다면 무슨 수단으로 대응할 것인가?

결국, 모든 문제의 해결을 위해 우리나라 경제성장이 지속 가능하고, 원화 가치가 장기적으로 안정적이며, 노후를 어느 정도 보장할 수 있도록 국민연금과 퇴직연금의 역할이 제고되어야 한다. 한발 더 나아가 전 국민이 직접 투자를 적극적으로 하기보다는 각자의 삶을 위해서 전공 분야의 일을 하면서 살아가는 것이 건강한 사회의 한 단면이리라. 하지만 우리 사회는 이런 상황과 점점 멀어지고 있다. 지금 이 순간, 한국의 성장은 멈추고 마치 피크아웃하려는 듯한 모습을 보이고 있는 것은 큰 문제다. 피크아웃 코리아의 징조는 말 그대로 서서히 그러나 확실히 나타나고 있다.

# 4

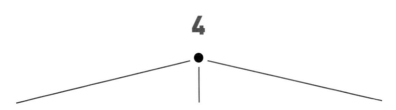

# 끓는 물 속 개구리가 되어버린
# 한국 경제

2023년 5월 우리 금융통화위원회가 끝나고 기준금리를 발표하는 자리에서 이창용 한국은행 총재가 "한국 경제가 망해가는 것을 막을 수가 없다. 이대로면 나라가 망하는 지름길"이라며 매우 자극적인 표현을 써가면서 격하게 작심발언을 한 바 있다. 그는 한국 경제가 이미 장기 저성장 국면에 진입했고, 노인 빈곤이나 국민연금 문제가 굉장히 심각하며, 이런 문제의 본질적인 해결을 도외시하면서 (경기 부양을 위해) 재정정책에만 의존하는 것은 미봉책이라고 발언했다. 당시 한은 총재의 발언 수위가 워낙 높다 보니 거의 모든 언론에서 비중 있게 다루었다.

먼저 노인 빈곤 문제를 살펴보자. 한국의 노인 빈곤율은 세계적으로 보더라도 심각한 수준이다. 2018년 기준 OECD가 발표한 조사에서 한국의 노인 빈곤율은 43%로 OECD 평균인 13%를 아득히 뛰어넘는 수준이었다. 그나마 20%를 넘는 나라가 호주와 미국 정도인데, 한국의 노인 빈곤율은 이들 나라의 2배였다. 한편 수치가 낮은 독일과 이탈리아 등은 10% 미만이었다.

노인 빈곤의 원인은 많지만, 특히 국민연금을 받지 못하는 노인들이 약 90만 명이나 된다는 것이 근본 문제다. 통계청이 매년 발표하는 가계금융복지조사에서 65세 이상 인구의 상대적 빈곤율은 2021년 시장소득 기준 57.6%, 처분소득 기준 37.6%에 이르므로, 과거보다는 다소 개선되었다고 할 수 있다. 그럼에도 불구하고 여전히 40%에 가까운 노인들이 상대적으로 빈곤하다는 것은 매우 심각하다. 10여 년 전 약 3분의 2 이상의 노인들이 빈곤하다고 통계에 잡히던 것과 비교하면 개선된 수치라 할 수 있지만 이미 우리가 초고령 사회로 진입하는 구간에 들어선 점을 감안한다면 이러한 노인 관련 통계는 사태의 심각성을 보여준다.

## 전 세계에서 자살률이 가장 높은 한국의 노인들

노인 빈곤율은 자연스럽게 높은 노인 자살률로 이어진다. 사람들은 대개 여성이나 청년의 자살률을 크게 걱정한다. 물론 모든 문제가 충분히 고려되어야 하지만, 실질적으로 상대적 심각성을 따지고 들자면 노인 자살 문제가 다른 세대의 자살 문제보다 훨씬 더 심각한 상태에 빠져들었다. 그나마 다른 연령대, 청장년층의 경우 자살률이 높기는 해도 다른 나라와 비교해보면 개선할 수 있는 수준이다. 반면에 60대가 넘은 노인들의 경우 완전히 다른 나라와 차원이 다른 자살률을 보이고 있기 때문이다. 우리나라 노인 자살률(인구 10만 명당 자살자 수)은 46.6명으로, OECD 국가 중 압도적 1위다. 전체 평균인 17.2명 대비 거의 2.5배에 육박하는 수준이다.

이런 현상은 연령별 빈곤율을 참고하면 이해하기 쉽다. 한국의 경우, 청년 빈곤율이나 중장년층 빈곤율은 아주 심각한 정도는 아니며 다른 나라들과 비교할 때 그럭저럭 양호한 축에 속한다. 그에 반해 노인 빈곤율만큼은 세계에서 비교 대상이 없을 정도로 압도적 1위다. 노년 계층의 유독 높은 자살률을 설명할 수 있는 한 요인이라고 볼 수 있다. 너무나 높은 노인 빈곤율과 너무나 높은 노인 자살률 간의 상관관계를 보여주는 통계가 있다. 남성의 경우 더 높은 자살률을 보여주는데, 그 원인을 연령별로 살펴보면 10~30세는 정신적 어려움, 31~60세는 경제적 어려움을 호소하며, 61세 이상은 육체적 어려움이라고 한다. 여성은 모든 연령대에서 정신적 어려움이 가장 큰 자살 이유다. 우리나라 남성들이 느끼는 경제적 압력은 61세 이후가 되어서도 노동을 계속하게 만들며 이 과정에서 느끼는 육체적 어려움이 자연스럽게 높은 자살률로 이어진다.

## 문제는 공적 연금의 소득대체율

노인 빈곤을 제도적으로 방지하기 위해 존재하는 것이 바로 연금이다. 그런데 연금이 제구실을 못하고 있다. 연금의 실효성을 판단할 때 중요한 개념이 소득대체율이다. 소득대체율이란, 은퇴 이전의 소득과 비교해서 연금 수령액이 어느 정도인지를 비율로 나타낸 것을 말한다. 쉽게 말해서 은퇴 전에 버는 돈 대비 은퇴 후 연금으로 얼마나 받을 수 있느냐는 것이 소득대체율이다. 가령 은퇴 전에 월 300만 원을 벌었는데 은퇴하고 나서 연금으로 150만 원을 받으면 소득대체율은 50%가 된다.

여기서 문제가 되는 것은 한국의 국민연금 소득대체율이 겨우 30% 정도에 그친다는 점이다. 다시 말해 은퇴 전에 300만 원 정도

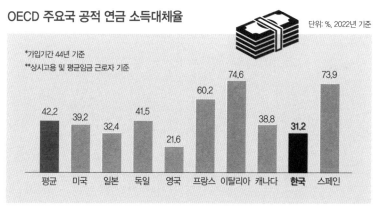

OECD 주요국 공적 연금 소득대체율

단위: %, 2022년 기준

*가입기간 44년 기준
**상시고용 및 평균임금 근로자 기준

| 평균 | 미국 | 일본 | 독일 | 영국 | 프랑스 | 이탈리아 | 캐나다 | 한국 | 스페인 |
|------|------|------|------|------|--------|----------|--------|------|--------|
| 42.2 | 39.2 | 32.4 | 41.5 | 21.6 | 60.2 | 74.6 | 38.8 | 31.2 | 73.9 |

자료: OECD

를 벌었다면 국민연금으로 받는 돈은 100만 원 정도라는 의미다. 이는 유럽의 주요 국가들이 40~75%라는 높은 수준의 소득대체율을 보이는 것과 대비된다. 이들 국가에서는 연금의 소득대체율이 높은 만큼 퇴직을 인생의 축복으로 여긴다. 그런데 우리의 현실은 소득대체율이 낮기 때문에 직장에서 더 일하고 싶어 하고, 노조는 '더 오래 일할 수 있도록' 쟁의를 한다. 이는 유럽 국가들이 보았을 때 매우 기가 찰 만한 일인데, 다 우리의 소득대체율이 낮기 때문이다. 즉, '은퇴하고 뭐 먹고살지?'에 대한 답을 마련하지 않은 채 퇴직으로 내몰리는 것에 대한 두려움이 큰 것이다.

한편, 미국과 일본 등은 우리보다 낮은 공적 연금 소득대체율을 보이지만, 미국은 개인연금과 한국보다 3배 높은 가입률을 보이는 퇴직연금이 위력을 발휘한다. 전체 근로자의 사적 연금 가입률이 47%가 넘는 수준이다. 따라서 미국은 '국민연금 + 개인연금 + 퇴직연금'이라는 연금 트리오를 가지고 있어서 노후 생활에 대한 큰 두려움 없이 생활할 수 있다.

우리는 그럭저럭 국민연금이 기능을 발휘하는 중이지만 다른 두 연금은 충분히 성숙하지 않다 보니 노인 빈곤율이 압도적으로 높게 나타난다. 그래도 국민연금을 받는 노인들은 상대적으로 상황이 낫다. 국민연금을 처음 만들던 시절, 국민연금을 납입한 사람만 받게 한 그 결정으로, 현재 연금을 받지 못하는 노인 수가 90만 명이 넘어가고 있다. 이들은 말 그대로 빈곤에 노출된 세대가 되었다.

이렇듯 연금으로 노후 보장이 안 된다는 것은 너무나 명약관화하다. 이런 상황이다 보니 노후 안정을 위해 부동산에 더 집착하는 경향이 있다. 즉, 은퇴 전에 월 300만 원을 벌다가 은퇴하면서 100만 원의 국민연금을 받게 된다면, 그 감소한 소득을 보전하기 위해서 부동산으로 눈을 돌리지 않을 수가 없다. 이로 인해 한국 특유의 은퇴가 임박한 이들의 부동산 구매 수요가 끊이지 않고 있다.

일반적으로 다른 나라에서는 은퇴를 하면 오히려 보유하고 있는 부동산을 처분하는 경향이 있다. 그래서 노령화가 진행되는 국가, 은퇴자들의 주택 매도세가 강한 국가는 과거에 부동산의 가치 하락을 겪은 바 있다. 일본과 유럽이 대표적이다. 그래서 우리나라 역시 한때는 이런 선진국들과 비슷하게 베이비부머(1950년대 말~1960년대생) 세대가 슬슬 은퇴하면서 주택가격이 떨어질 거라는 예상이 2010년대 초에 주류를 이룬 적이 있다. 그런데 실제로는 이론적인 예측과 달리, 은퇴 세대들이 주택을 처분하지 않고 오히려 주택을 더 적극적으로 구입하는 현상이 나타났다. 노후를 연금에 기댈 수 없는 만큼 다른 나라와 달리 은퇴 시기에 임박해서 부동산 자산을 더 취득하고 그것을 통해서 현금흐름을 만회하려는 은퇴 임박 매수 수요가 더 강하게 나타난 것이다.

## 연금 대신 부동산

부족한 연금제도로 인해 우리나라는 은퇴가 임박한 세대들에게 '알아서 노후를 준비하라'고 요구한다. 이러한 요구는 개인들의 과격한 수익형 부동산 투자나, 아파트 갭투자 열풍으로 이어진다. 이런 상황에서 아파트 가격을 하향 안정화시킨다는 것은 반대로 말하면 이런 준비를 하던 세대 전체를 사지로 내모는 꼴이다. 이 때문에 정부도 부동산 가격의 부양 정책을 지속적으로 실시할 수밖에 없는 구조다. 이런 구조가 2000년대 들어서 더욱 공고화되었다.

우리나라에서 부동산은 정치다. 부동산이 정치인 이유는 그 숫자에 있다. 소득대체율이 낮은 연금 대신 부동산 투자나 주택연금 등을 통해 노후를 대비하는 한국의 특성상, 주택가격이 폭락할 경우 노인 빈곤자가 대량으로 양산될 수밖에 없다. 주택 보유자의 다수를 차지하며 노후 대비에 민감할 수밖에 없는 50~60대 이상 세대의 인구 비중을 정치공학적으로 고려할 때 '가격 안정화'는 표심에 어긋나는 정책이라 지지받기 어렵다. 그러니 '급등은 안 되지만 하락은 용인할 수 없고, 서서히 안정적으로 상승하는' 부동산 시장을 지향하는 정책을 지속적으로 펼쳐온 것이 대한민국 정부다. 주택시장을 죽이거나 혹은 경착륙을 용인하는 정책은 정부가 도저히 고려할 수 없는 선택지이다. 여야를 막론하고 어떤 정부가 들어서든 부동산 가격을 일정 수준으로 꾸준히 부양해온 이유이다.

우리 국민은 이제 정부가 어지간해서는 부동산 긴축 정책을 쓰지 않을 것으로 예측하는 지경에 이르렀다. 정부의 방향성이 뻔하다며 레버리지를 일으켜 주택을 여러 채 사는 행태가 만연해졌다. 그렇게 주택가격은 상승하고, 가격 상승은 재차 매수세를 불러일으켜 주택가격이 초과적으로 오르는 이런 상황이 역사적으로 계속 반복되어왔다. 정부가 연금제도를 건강하게 운영해서 시민의 노후를 책임지는 것이 국가의 제대로 된 의무이지만, 국가에서 연금으로 노후 문제를 해결해주지 못하니 모두가 부동산 시장으로 몰려가 '각자도생'하는 형국이 펼쳐진 것이다.

이런 과정이 복합적으로 작용하면서 우리의 자산 구성은 다소 기형적인 모습이 되었다. 통계를 보면 우리의 비금융자산이 65%인데 여기서 부동산이 차지하는 비중이 크다. 금융자산을 살펴보면 현금 15%, 연금 약 10%, 주식과 채권을 합쳐서 약 10%다. 누구든지 자산의 일부를 유사시를 대비해 언제든지 찾아 쓸 수 있는 저축으로 갖고 있다는 점을 감안하면, 우리는 아주 최소한의 비상금과 약간의 연금과 주식을 제외하면 대부분의 재산을 집값으로 갖고 있다고 해도 과언이 아니다.

**주요국 가계 자산 구성 비교**

단위: %, 2021년 기준

|  | 한국 | 미국 | 일본(2020) | 영국 | 호주 |
|---|---|---|---|---|---|
| 비금융자산 | 64.4 | 28.5 | 37.0 | 46.2 | 61.2 |
| 금융자산 | 35.6 | 71.5 | 63.0 | 53.8 | 38.8 |

자료: 한국은행

이런 실정이다 보니 각 가계의 주력 세대라고 할 수 있는 40대부터 50대의 경우, 은퇴 시기가 다가오는 50대 말 60대가 되기 전에 부동산 자산을 최대한 취득하기 위해 노력하지 않을 수 없다. 기댈 연금이 없으니 스스로 부동산 투자를 통해 자신의 노후를 대비해야 하는 것이다. 그러다 실직이나 자영업 실패, 투자 손실 등이 발생해 자산을 축적하는 데 실패하면, 이후에 맞닥뜨린 빈곤한 노후 생활을 감당하지 못하고 사회 바깥으로 내몰리곤 한다.

## 이중부양 세대라는 문제

한편 부동산 자산을 축적하고자 애쓰는 4060세대의 노력은 또 다른 문제를 야기했다. 사회의 자산과 부가 부동산 소유자인 4060세대에게 집중될 수밖에 없는 구조이다 보니 위로는 노인 빈곤을 겪고 있는 7080 조부모 세대가, 아래로는 아직 자립하지 못한 10~30대 자식 세대가 부모 세대의 자산 수입에 매달릴 수밖에 없는 기형적인 가계 경제구조가 만들어진 것이다. 말하자면 현재의 4060세대는 아랫 세대와 윗 세대, 양 세대를 이중으로 부양해야 하는 세대가 되었다.

이는 한국 사회가 처음으로 겪는 문제다. 과거에는 평균 수명이 짧아서 대부분 은퇴하면 5~10년 안에 사망했고, 이에 따라 중장년들의 노부모 부양 부담이 그리 크지 않았으며, 장성한 자식들 대비 노부모의 인구수가 적어 형제자매들끼리 돌아가며 부양하는 것이 가능했다. 게다가 자녀들은 중학교나 고등학교만 졸업하면 바로 취업하는 것이 보편적이다 보니 교육비 부담도 상대적으로 낮았던 편이다.

이중부양 문제를 겪는 세대는 현재의 베이비부머 세대가 최초라고 볼 수 있다. 그리고 앞으로는 저출산과 고령화에 저성장까지 더해지면서 이 문제는 더욱 심각해질 수밖에 없다. 그러면 모두가 지금보다 더 부동산 투자에 전력투구할 수밖에 없다는 결론이 나온다. 중장년층이 가진 부동산이 폭락하는 순간에 자녀 세대부터 조

**중장년층의 이중부양 부담**   2018년 기준

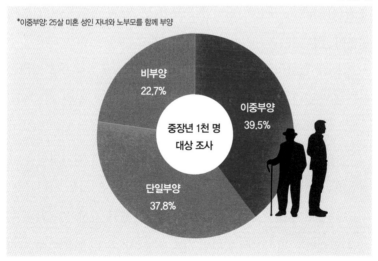

*이중부양: 25살 미혼 성인 자녀와 노부모를 함께 부양

비부양 22.7%

이중부양 39.5%

중장년 1천 명 대상 조사

단일부양 37.8%

자료: 한국보건사회연구원

부모 세대까지 모두가 생계 곤란을 겪는 구조라는 점에서 매우 취약한 이중고리다.

이중부양 세대가 현재 경제 시스템의 주축인 상황에서 부동산 가격 안정화 정책을 쓰는 것은 구조적으로 불가능하다. 그러니 정부는 민간에게 주택을 보유하고 있으면 그게 결국 사적 연금이 된다는 시그널을 계속 보낼 수밖에 없다. 국민들 역시 그 시그널을 감지하면서 내가 집을 사고 집값이 계속해서 오르면 결국 나중에 연금을 받는 것과 마찬가지라고 여긴다. 이렇게 한국 사회에 쌍방 간의 묵인된 약속이 성립되고 강력히 고착화하면서 시장과 정부가 동침(지속해서 우상향하는 자산)하게 되고, 그리하여 '부동산 불패'는 신화가 되었다.

이젠 모두가 개인의 이익만 도모할 뿐 '전체 사회'를 생각하지 않는다. '국가고 나라고 사회고 난 모르겠고, 그들도 나를 책임져 주지 않는다. 일단 나는 내 부모와 내 자녀를 위해서 부동산을 최대한 취득해야 한다. 이 각자도생의 세계에서 고삐를 늦추면 죽음뿐이다'라는 절박한 위기의식에 매몰되어 있다.

대중들은 투표라는 강력한 무기를 쥐고 절박한 위기의식을 표출한다. 부동산 가격이 떨어지는 순간 이중부양을 하는 사람은 사지로 내몰리게 되므로, 부동산 가격을 교란해서 자신의 소득에 문제를 일으키는 정치인이 있다면 사지로 몰아세우는 문화가 이 사회에 뿌리 깊게 침습해버렸다. 이는 정치적으로도 부동산 가격을 안정화시키는 것이 한국의 높은 가계부채 부담과 거시 경제 차원에서 봤을 때 굉장히 중요함에도 불구하고 관련 정책을 제대로 시행하지 못하는 근본적인 원인이 된다. 표를 얻지 못하고 자기 자리가 사라지는데 어떤 정치인이 이를 추진하려고 하겠는가.

부동산 문제, 그리고 이와 결부된 이중부양 세대의 문제는 여기서 끝이 아니다. 전 사회 각 분야로 여러 병폐를 양산한다. 가령 2030세대의 경우, 너무 올라버린 주택가격을 보며 내 집 마련을 포기하면서 연애나 결혼에도 소극적인 자세로 바뀌고, 이것은 연쇄적으로 저출산 문제로 이어진다. 뒤에서 설명하겠지만, 혼인율과 출산율이 주택가격과 밀접한 역의 상관관계가 있다는 것은 주지의 사실이다. 수도권의 유난히 낮은 출산율은 이런 쌍방의 묵계가 층층이 쌓아올린 그 부작용의 결과이다. 이는 결국 미래의 대한민국을 소멸시킬지도 모른다.

## 끓는 물 속 개구리 신드롬

부동산 문제에 얽힌 사안들이 워낙 다양하고 또 첨예하다. 그렇다 보니 단순히 한 명의 장관, 가령 주택 문제를 담당하는 국토부 장관의 권한으로 이 문제를 해결하기는 어렵다. 연금 문제부터 노인 빈곤, 수도권 과밀, 세대 문제, 저출산, 자산 시장까지 우리나라의 전반적인 국가 시스템을 조정해야 하는 사안으로, 모든 정부 부처뿐만 아니라 국회도 적극적으로 나서서 협력해야 한다. 이런 와중에 앞에서 언급한 이창용 한은 총재의 발언이 나온 것이다. 그는 이 문제가 해결하기 까다롭긴 하지만, 계속해서 뒤로 미루면서 재정정책이라는 단기적인 미봉책으로만 때우다 보면 결국 나중에 엄청난 대가를 치르게 될 것이라고 경고했다. 그의 경고는 2023년 5월에 나왔지만, 2024년 출산율 데이터는 더 최악으로 치닫고 있다. 한국 소멸을 외신도 다루기 시작하면서 이창용 총재의 경고가 시급히 진지하게 논의할 필요가 있는 어젠다가 되고 있다. 물론 그럼에도 불구하고, 정치권은 달라진 것이 없다.

이런 상황 전개는 마치 끓는 물에 들어간 개구리의 이야기를 연상케 한다. 개구리가 갑자기 뜨거운 물에 들어가면 화들짝 놀라 뛰쳐나올 수 있지만, 반대로 개구리를 차가운 물에 넣고 은근하게 끓이다 보면 위기를 감지하지 못한 채 죽게 된다는 누구나 아는 이야기다. 외부 환경에 능동적으로 대처하지 못하고 안주하다 서서히 죽어가는 것을 끓는 물 속 개구리 증후군The boiled frog syndrome이라 이름 붙였다. 어쩌면 한국 경제는 이미 끓는 물 속의 개구리가 된 것인지도 모른다.

최종적으로 국가의 책임을 묻지 않을 수 없다. 공적 연금을 포함한 국가 금융 시스템의 디자인을 건강하게 구축하여 국민의 노후와 생애주기를 책임 있는 자세로 설계해주지 못하고, 다들 알아서 부동산 투자로 각자도생하라고 유도하며 주택가격을 어떻게든 떠받

치고 있으니 말이다. 국가가 제 기능을 못하는 바람에 불어닥친 부동산 광풍이라는 병폐를 오히려 더 조장하면서 정부의 책임을 어떻게든 모면하려고 하고 있다. 돈을 풀거나 인위적인 부동산 부양 정책을 펴는 것은 능사가 아니다. 더는 물러설 곳이 없다. 본질적으로 문제를 해결하기 위해 노력할 때다. 안 그러면 우리는 정말로 끓는 물 속의 개구리 신세가 된다.

2부

# 위기의 징후들

이제는 패러다임을 바꿀 때가 됐다.
저출산, 수도권 과밀의 그림자가
더 커지기 전에 바로잡아야 한다.

CHAPTER

**5**

# 종말을 향해 가는
# 한국 의료

지난 2023년 3월 대구의 한 건물에서 10대 여학생이 추락했다. 급히 응급실을 찾아 여기저기 수소문했지만 병상을 찾지 못한 채 응급차 안에서 사망하는 안타까운 일이 있었다. 최근 들어 병원에 도착해도 병상 부족으로 조치를 받지 못하고 응급차에서 뺑뺑이를 돌다가 환자가 사망하는 사례가 적지 않게 발생하고 있다. 왜 이런 일이 일어나고, 이러한 빙산의 일각 아래 숨겨진 사실은 무엇일까?

한국은 의료 선진국이며, 특히 의사 직업에 대한 학생들의 선호도가 엄청나게 높다는 것은 모두가 아는 사실이다. 실제로 21세기 이후로 매년 대학입학시험 결과 순위 1위부터 20위까지는 주요 의과대학이 도배하다시피 해왔다. 이는 그만큼 인재풀이 의과대학으로 집중되고 있음을 의미한다. 부동산 입지를 평가할 때도 학군지 비중이 상당히 높게 반영된다. 중학교를 평가할 때는 특목고나 자사고 진학률을 따지고, 고등학교를 평가할 때는 의대 진학률을 따진다. 고등학교 경쟁력이란 결국 얼마나 의대를 많이 보냈느냐를 의미한다. 이처럼 의사에 대한 선호도가 국가적으로 높은 나라에서 여러 사람이 병원과 병실을 찾지 못해서 죽음을 맞았다는 사실은 직관적으로 이치에 맞지 않는 것처럼 느껴진다.

## 병상 수는 충분한데…

마땅한 병원과 병실을 찾지 못했다고 하면 일차적 원인으로 병상 수 부족을 떠올릴 것이다. 그래서 간단히 병상을 늘리면 문제가 해결되지 않느냐고 반문할 수 있다. 그런데 현재 한국은 병상이 부족한 나라가 아니다. 오히려 차고 넘치는 편이다. 실제로 한국의 병상 수는 인구 1천 명당 약 12.7개이다. 이는 OECD 평균 3배 정도를 웃도는 수치로, 세계적으로 한국보다 병상 수가 많은 곳도 드문 편이다.

그렇다면 병상이 많은데도 응급환자를 수용할 수 없어 사람이 죽는 이유는 무엇일까? 이는 우리가 병상 수를 넘어서는 많은 환자를 수용하고 있기 때문이다. 통상 병원의 병상은 중증 환자를 중심으로 채워진다. 하지만 우리의 실상은 다르다. 저 많은 병상이 중증

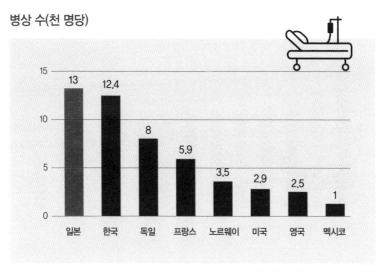

**병상 수(천 명당)**

일본 13
한국 12.4
독일 8
프랑스 5.9
노르웨이 3.5
미국 2.9
영국 2.5
멕시코 1

자료: 보건복지부, OECD Health Statistics 2020

환자로 채워지는 것이 아니라 경증 환자들이 평소 많은 병상을 차지하고 있다. 2018년 보건복지부 자료에 따르면 상급 종합병원의 입원 환자 중에서 경증 환자가 차지하는 비율은 약 56.8%로, 절반이 넘는다. 즉, 한국의 종합병원은 지나치게 많은 입원 환자를 받고 있어서 병상이 많음에도 불구하고 수용 인원이 병상을 웃돌아버리는 상황이다. 그러니 중증 환자가 필수 의료를 받지 못하는 일이 종종 발생할 수밖에 없다.

## 전국 권역외상센터 경증 외상환자 비율

단위: %, 2018년 기준

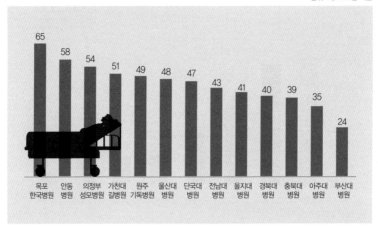

| 목포 한국병원 | 안동 병원 | 의정부 성모병원 | 가천대 길병원 | 원주 기독병원 | 울산대 병원 | 단국대 병원 | 전남대 병원 | 을지대 병원 | 경북대 병원 | 충북대 병원 | 아주대 병원 | 부산대 병원 |
|---|---|---|---|---|---|---|---|---|---|---|---|---|
| 65 | 58 | 54 | 51 | 49 | 48 | 47 | 43 | 41 | 40 | 39 | 35 | 24 |

자료: 보건복지부, 서울대 의료관리학과 김윤 교수

## 병원의 수익 구조를 알면 원인이 보인다

종합병원이 왜 이렇게까지 병상을 경증 환자로 빽빽하게 채울까? 병상이 다른 나라와 비교해 충분히 많다면, 입원 환자를 과도하게 받지 않으면 문제가 해결되는 거 아닐까? 그런데 이러한 한국 종합병원의 영업 행태를 이해하려면 먼저 병원의 수익 구조를 들여다봐야 한다.

병원의 수익은 의료 수익과 의료 외 수익으로 나뉜다. 의료 수익은 말 그대로 의료 행위를 통해 벌어들이는 수익이다. 그리고 의료 외 수익이란 의료 행위와 무관한 여타 부대사업을 통해 병원이 벌어들이는 수익이다. 예를 들어 병원에는 편의점, 카페, 식당, 장례식장 등 여러 부대시설이 있다. 이런 시설들 역시 병원에 상당한 수익을 가져다준다.

병원의 근간은 결국 의료기관이기에 근본적으로 의료 행위를 통해서 수익을 내고 재정을 지탱하는 식의 구조가 바람직할 것이다. 최선을 다해 환자를 진료할수록 돈을 더 많이 벌 수 있어야 질 높은 의료서비스를 제공하려고 할 테니까 말이다. 그러니 병원이 부대사업 등 비의료 수익에 크게 의존하는 것은 바람직하지 않다. 만약 의료 외 수익이 점점 커진다면, 병원은 병상을 늘리기보다는 편의점 같은 부대시설을 더 늘리는 것을 고려할 것이다. 의료 수익이 주가 되어야 하는 이유다.

그렇다면 의료 수익을 어떻게 높일 수 있을까? 의료 수익 역시 두 가지로 나눌 수 있다. 하나는 건강보험의 적용을 받는 급여 항목이고, 다른 하나는 건강보험이 적용되지 않는 비급여 항목이다. 통상적으로 급여와 비급여로 불리는데, 건강보험료를 지원받아 의료비가 싼 경우에는 급여, 그렇지 않으면 환자가 의료비를 많이 내야 하는 비급여로 구분된다.

## 행위별 수가제라는 가격 통제

우리나라는 모든 국민이 건강보험에 의무 가입하고 어떤 병원에서 진료를 받더라도 급여 항목에 한해서는 건강보험에서 치료비를 보장하게 되어 있다. 모든 국민을 건강보험에 가입하도록 한 것을 '당연지정제'라고 한다. 환자가 일부 본인부담금을 지불하지만 대부분의 비용을 건강보험공단이 환자 대신 병원에 지불한다. 병원이 건강보험공단에서 진료비를 지급받는 형태인 것이다. 이런 시스템 때문에 개인이 부담하는 의료비는 저렴해질 수 있었다. 달리 말하면, 정부는 의료 영역에 대해 민간 병원을 대상으로 어느 정도는 가격 통제를 해왔다는 것을 의미한다. 민간 병원도 받고 싶은 진료비를 마음대로 청구할 수 없으며, 건강보험공단에 진료비를 청구해야 한다. 그런데 건강보험공단은 병원에서 청구하는 비용을 그대로 정산하는 것이 아니라, 의료서비스 행위별로 미리 정해진 가격에 따라 지불한다. 이것을 의료수가醫療酬價, 즉 행위별 수가제라고 부른다. 의료서비스 행위 하나하나에 가격을 정찰제처럼 매겨놓은 것이다. 핵심은 각 항목마다 국가에서 정한 진료비가 있으며, 이는 개별 병원이나 의사가 좌지우지할 수 없다는 것이다. 전국적으로 통일된 동일한 가격제라는 의미다.

이는 환자 입장에서는 저렴한 의료비라는 혜택으로 돌아온다. 이를 거꾸로 말하면 환자가 혜택을 받고 있으니 병원은 손해라는 말이 된다. 병원의 입장에서는 이러한 행위별 수가제도로 인해서 실제로는 점점 수익성이 악화한다. 아무리 진료 행위를 하더라도 급여 항목이라면 국가가 설정한 낮은 가격 때문에 충분한 수익을 내기가 어렵다. 다시 말해 진료만으로는 병원 운영에 필요한 자금을 확보할 수 없다. 이것이 통상적으로 진료를 하면 할수록 병원이 적자를 보는 이유다.

## 의사를 고작 3분밖에 만날 수 없는 이유

병원은 이러한 현실에 어떻게 대응하고 있을까? 크게 세 가지로 압축된다. 첫 번째로 위에서 언급한 의료 외 사업 부문을 통한 보조다. 즉, 부대사업의 수익성을 높이는 방법이 있다. 장례식장을 직영으로 운영한다든지, 카페나 식당, 은행, 안경점 등을 입점시켜서 수익을 얻는다든지 하는 식이다. 말하자면 병원은 의료라는 경상 부문에서는 손실이지만, 비의료 부문에서 수익을 내는 구조로 대응하고 있다. 이렇게 하면 환자들에게 저렴한 의료서비스를 제공하면서도 병원의 수익성을 그럭저럭 유지할 수 있다는 점에서 긍정적인 부분도 있다. 그러나 궁극적으로 병원의 악순환 고리가 시작되기도 한다. 예를 들어 의료와 상관없는 영역에서 이익을 확보하는 것이므로 비의료 분야에 대한 투자에 집중하고 상대적으로 본업을 등한시하게 된다. 이것은 의료 발전을 방해하는 건전하지 못한 구조다. 병원의 생리 자체가 의료에 충실하기가 어려워진다. 필수 진료에 신경 쓰기보다는 장사에 열을 올리게 된다.

두 번째 대응은 박리다매 진료라고 할 수 있다. 급여 항목에서

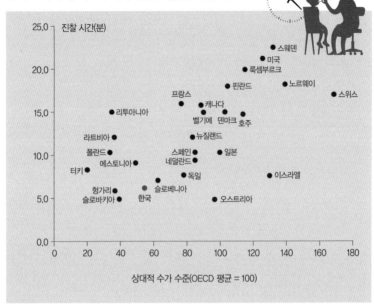

OECD 국가의 의료수가와 진찰 시간과의 관계

진찰 시간(분)

- 스웨덴
- 미국
- 룩셈부르크
- 노르웨이
- 핀란드
- 스위스
- 프랑스
- 캐나다
- 리투아니아
- 벨기에 · 덴마크 · 호주
- 라트비아
- 뉴질랜드
- 폴란드
- 스페인 · 일본
- 에스토니아
- 네덜란드
- 터키
- 독일
- 이스라엘
- 헝가리
- 슬로베니아
- 슬로바키아
- 한국
- 오스트리아

상대적 수가 수준(OECD 평균 = 100)

2019년 기준

자료: 대한의사협회 의료정책연구소

남길 수 있는 마진율이 매우 적다면, 역으로 최대한 많은 환자를 받는 식으로 진료 건수를 높이면서 영업이익을 극대화하는 것이다. 매출은 어차피 가격 곱하기 수량인데, 가격이 낮으면 진료 건수를 높일 수밖에 없다. 그래서 병원은 개별 의사들이 단위 시간당 최대한 많은 환자를 보게끔 유도한다. 이게 한국에서 악명 높은 '3분 진료'의 근본 원인이다. 이 인과관계는 다른 국가와 비교해보면 명확해진다. 급여 항목에서 공공보험이 지급하는 의료수가가 낮은 국가일수록 진찰 시간이 짧다는 것은 이미 규명된 바 있다.

우리나라 의료 분야와 관련된 다소 신기한 통계가 있다. 한국의 의사 수가 OECD 평균을 밑돈다는 것이다. 보통 이렇게 의사 수가 적으면 의료 접근성이 떨어진다. 쉽게 말해 병원을 찾아가도 의사를 만나기가 어렵다. 그런데 우리의 실상은 의료 접근성이 높아서 언제든지 필요하면 병원에 내원해서 의사에게 진찰을 받을 수 있다. 이것은 어찌 된 일일까? 이는 매우 간단히 이해할 수 있다. 의사한 명이 담당하는 환자 수가 압도적으로 많다 보니 결과적으로 다른 국가들보다 의사 수가 많은 것처럼 보이는 효과가 있는 것이다. 우리나라의 의사 1명은 다른 나라의 의사 2명분의 일을 한다고 가정하면 사실은 의사 수가 적은 게 아닌 셈이 된다. 그 반대급부가 3분 진료라는 씁쓸한 현실이지만 말이다.

서두에서 언급한 병상이 부족한 것도 같은 맥락이다. OECD 평균과 비교해서 3배의 병상 수를 가지고 있음에도 불구하고, 병원에서 수익성을 극대화하기 위해서 가능한 한 많은 환자를 입원시키다 보니, 보유한 병상 이상으로 많은 환자가 병원에 머무르는 것이다. 그리고 이 환자들을 감당하기 위해 한 명의 의사가 책임져야 하는 병상 수가 어마어마하므로, 박리다매 구조 속에서 의사는 물론 간호사, 제반 의료인들의 노동 강도 또한 격심할 수밖에 없는 문제가 생긴다. 낮은 수가에서 비롯된 낮은 마진율을 상쇄하기 위해 최소한의 의료 인력을 고용하고 노동을 갈아 넣어서 최대한의 환자를 처리하는 식으로 병원이 돌아가고 있는 것이다.

## 비급여를 늘릴수록 수익성이 확대되는 구조

　병원의 세 번째 대응책은 비급여 항목을 확대하는 것이다. 아무리 박리다매로 급여 항목에서 수익을 낸다고 해도 근본적으로는 한계가 있다. 그래서 진료 과정 중에 건강보험 적용을 받지 않는 비급여 항목을 자연스럽게 결합시켜 병원의 수익을 극대화한다. 비급여 항목은 급여 항목처럼 정부의 통제를 받지 않으므로 가격을 원하는 대로 정할 수 있다. 비급여를 늘리면 늘릴수록 의료 본업을 통한 수익성을 확대할 수 있는 구조다.

　현실은 급여를 받는 진료 가운데 비급여를 추가하는 식으로 돌아간다. 가령 가정의학과나 내과에서 진료한 다음 수액을 맞게 한다든지, 이비인후과에서 비강 내시경 검사를 하고 비용을 받는다든지 하는 식으로, 보험 적용이 안 되는 비급여 항목을 병원이 일부러 진료 과정에 자연스럽게 끼워넣는다. 물론 이것이 실제로 환자에게 필요할 수도 있고, 꼭 필요하지는 않더라도 도움이 될 수는 있다. 다만 이 과정에서 과잉진료를 할 소지가 생긴다. 그런데도 이러한 방법이 가장 현실적인 대안이라는 생각에 따라 병원은 비급여 항목 비중이 높은 의료 분야를 찾고, 의사 역시 비급여 과목을 선호한다. 대표적으로 피부과, 성형외과, 재활의학과 같은 과목을 들 수 있다.

　병원의 불균형과 양극화는 여기서 비롯된다. 급여 항목이 진료 비중에서 우세한 과목들, 특히 환자의 생명 유지에 필수인 과(이를 일반적으로 '바이탈과'라고 부른다)들은 저수가로 인해 수익성이 낮아 박리다매로 운용해야만 병원의 재정이 유지된다. 그러다 보니 종합병원에서는 매우 적은 의료 인력만 채용한 뒤 고강도 노동을 강요하고, 진료 과정 중간중간 비급여 진료를 최대한 끼워넣는 형태로 이 과목들을 운영한다. 이것이 필수 의료 과목의 전문의나 혹은 전공의(레지던트)들이 격무에 시달리는 근본적 원인이다. 그러면서 동시에 실질적으로 영업이익을 발생시키는 비급여 항목이 우세한 과목들을 통해 수익을 창출한다.

정리하면, 병원의 수익성은 부대사업, 바이탈 진료 과목의 박리다매, 비급여 과목 중심의 운영, 여기에 비급여 과잉진료 등을 더해 지탱된다고 할 수 있다. 언뜻 보아서는 그럭저럭 굴러가고 있는 듯 보이지만, 내막을 따져보면 실상 '필수 의료'로는 병원이 돈을 벌 수 없어서 필수 의료를 등한시하는 내적 메커니즘이 있다. 이런 이유로 골든타임에 치료를 받아야 하는 응급환자나 중증 환자에게 제때 조치할 수 없는 문제가 파생된다.

## 무너져가는 필수 의료

우리나라의 필수 의료는 이러한 구조 속에서 서서히 무너져왔다. 대표적 사례로 최근에 유수 대형 병원들이 소아과 레지던트 정원 모집에 줄줄이 실패한 것을 들 수 있다. 한두 해에 잠깐 일어난 일이 아니라 여러 해에 걸쳐 지속적인 결원이 발생하면서 의료업계에 상당한 충격을 주었다. 종합병원 소아과 레지던트를 뽑는 데 지원자가 0명이다. 소아과 레지던트의 모집률이 바닥을 기는 이유는 결국 이쪽 진료 과목이 충분한 수익을 거둘 수 없기 때문이다. 비급여로 적용할 항목이 많지 않으니 병원 입장에서는 전공의(레지던트)를 늘려 단기적으로 대응하고 싶어 하는 반면 전공의는 소아과를 선호하지 않는다. 왜냐하면 전공의 입장에서도 소아과는 장래에 돈을 벌기 쉬운 과가 아니라고 생각하기 때문이다. 비급여 항목이 많지 않은 필수 의료 분야에서 이런 일들이 벌어지고 있다.

병원에서 전문의를 늘리는 것은 영구적인 정원 증가로 이어지므로 수지타산이 맞지 않는다. 그러다 보니 병원에 채용된 소수의 필수 진료과 의사들은 많은 환자를 감당하기 위해 박리다매 진료를 해야 하고, 업무 강도가 심각하게 올라간다. 여기에 필수 의료과에서 확률상 발생할 수밖에 없는 의료과실과 관련해서 형사 처벌을 받을 수도 있다는 우려까지 겹친다. 그러니 소아과를 비롯한 필수 의료과에 비전이 없다는 인식이 확대된 것이다. 결과적으로 급여 항목의 비중이 높은 필수 의료 과목은 장기적으로 사멸할 수밖에 없다. 이러한 악순환의 구조를 지금 바꾸지 않으면 수익성 높은 몇몇 의료 과목, 혹은 몇몇 병원만 살아남고 나머지는 고사할 수밖에 없을 것이다.

# 의료 소멸을 가속화하는 대형 병원의 독과점

병원의 규모에서 비롯되는 격차 역시 의료 소멸을 가속화하고 있다. 빅5로 대표되는 수도권 대형 병원의 시장 독점이 사실상 매우 심각하기 때문이다. 급여 항목의 의료는 박리다매로, 비급여 항목의 의료는 과잉진료로 수익을 내야 하는 상황에서 병상 수가 많고 규모가 비대한 대형 병원들이 의료 수요를 모두 흡수해버린다. 특히나 정보와 통신, 교통이 발달하면서 지방에서 직접 서울의 대형 병원으로 내원하는 일이 빈번해졌으며, 이는 지방의 1·2차 의료기관들의 대거 붕괴로 이어지고 있다. 나아가 수도권 내에서도 경쟁력 있는 병원을 제외한 필수 의료기관이나 지역 의료의 중추를 이루는 중형 종합병원들도 점차 경영상의 어려움을 겪고 있는 실정이다.

여기서 알아두어야 할 점은 병원들의 의료 전달 체계다. 통상 병원을 1·2·3차로 분류한다. 1차는 주로 소형 의원, 2차 병원은 병원급 의료기관으로 병원, 종합병원이나 한방병원 등, 3차 의료기관은 상급 종합병원이나 대학병원 등이 해당한다. 그래서 경증질환의 외래는 1차 병원에서 처리하는 것이 기본이며, 그보다 높은 의료 역량이 필요하거나 입원해야 하는 환자는 2차에서, 그리고 중증질환은 3차에서 처리하는 것이 기본 원칙이다. 그런데 1·2차를 생략하고 곧바로 3차, 그중에서도 빅5 병원으로 직행하는 것이 일반화하면서 1·2차 의료기관들의 생존이 위태로워졌다. 특히 2차 의료기관의

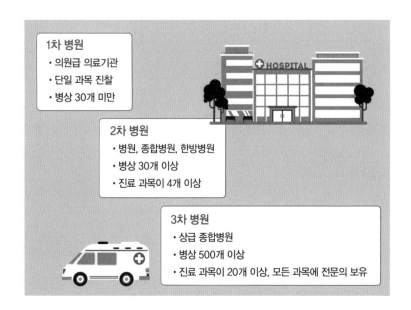

문제가 심각하다. 1차에서 3차로 곧바로 가버리기 때문이다.

　이런 문제는 실은 부동산과도 밀접한 관련이 있다. 안정된 주거를 영위하기 위해서는 생활 편의를 해소할 근린시설이 있어야 하고, 이 중에서도 의료서비스를 제공하는 병원은 핵심 중의 핵심이다. 그래서 점점 더 병원 접근성을 중시하는 추세다. 그런데 1·2차 병원들이 차례로 무너지면서 의료 접근성이 떨어지는 지역이 늘어나고 있다. 다시 말해서 거주지 근처에서 적절한 의료서비스를 이용할 수 없는 의료 음영지대가 확대되고 있다. 이러한 1·2차 병원의 소멸은 의사들이 채용될 병원이 계속해서 줄어들고 있다는 뜻이기도 하다. 그런데 앞서 살펴 보았듯이 대형 병원 역시 수익성 극대화를 위해서 필수 의료 과목에는 최소한의 인력만을 배정한다. 즉 의사를 증원하더라도 의사 고용 문제는 해결되지 않으며 과잉노동 문제는 여전할 것이라는 말이 된다.

의사들은 어떤 선택을 하고 있을까? 의사들 역시 대형 병원에서 레지던트 과정을 힘들게 밟아봐야 전문의 정규 정원 자리는 가물에 콩 나듯 드물기 때문에 병원에 전문의로 채용이 안 될 것을 이미 알고 있다. 그래서 최근에는 의대를 졸업하고 곧바로 페이닥터, 즉 봉직의로 간다든지 클리닉 같은 곳에 취업해서 장기적으로 그쪽 영역에서 개원을 한다든지 하는 형태가 많다. 그럴수록 필수 의료 과목의 인력은 부족해진다. 과연 자신의 거주지역과 인근에 1차 의료기관만 있다면 안정적인 의료서비스를 받을 수 있다고 생각할까?

## 필수과의 낮은 수가를 올릴 수는 없을까?

상황을 종합하면 급여 항목의 낮은 수가가 모든 문제의 핵심처럼 보인다. 그러면 필수 의료 과목의 의료수가를 높여 힘을 실어주면 되지 않을까. 한데 의료수가를 조정하는 일이 그리 간단하지 않다는 게 문제다. 의료수가는 앞서 설명했듯이 현재 행위별 수가제로 운영되며 의료 행위 각각에 가격을 정하는 식으로 결정된다. 구체적으로 다음과 같은 세 가지 항목을 변수로 한 곱셈 방정식으로 결정된다.

상대가치점수 × 종별가산율 × 환산지수

여기서 상대가치점수는 업무량, 진료 비용, 위험도 등을 기준으로 의료 행위 각각의 가치를 산정하고 이것을 점수로 표현한 것이다. 그래서 상대가치점수에 한해서는 기피 과목의 점수를 올리는 조정이 가능하다. 그런데 이것이 총량제여서 어느 한 과의 점수를 올리게 되면 다른 과의 점수를 깎는 식으로 연쇄적인 조정을 해야 한다. 총의료비 규모는 2021년 기준 111조 원 규모로, 일정액 수준에서 정해져 있다. 총의료비에서 각 전문 과목별로 진료비를 얼마씩 나눌지 정하는데, 여기서 각 과목의 협회 간에 파워게임이 벌어진다. 예를 들어 심장 수술의 상대가치점수를 높이면 피부과 점수는 줄여야 하는 식이다. 이 조정 기능을 수행하는 기관이 대한의사협회다. 대한의사협회는 조정을 하려면 각 의료 부문 26개 학회가 모두 동의해야만 가능하다고 강변한다. 자기 과의 수가가 낮아지는 것을 순순히 받아들이지 않을 것은 불을 보듯 뻔하므로 조정하기가 어렵다. 그래서 필수 과목만 일방적으로 상대가치점수를 올리기가 쉽지 않은 일이 되어버렸다.

종별가산율은 병원이 1차 기관이냐 2차 기관이냐 3차 기관이냐에 따라 가중치를 달리 적용하는 것으로, 상급 종합병원은 30%, 종합병원은 25%, 일반 병원은 20%, 의원은 15%로 적용한다.

환산지수는 상대가치점수 1점당 몇 원의 비용을 설정할 것인지

정하는 것이다. 쉽게 말해 상대가치점수당 단가다. 일반적으로 "수가를 인상해야 한다"라고 의료계에서 주장할 때는 이 환산지수를 올리는 것을 의미한다. 그런데 이는 특정 분과에만 적용되는 것이 아니다. 일괄 적용이라 필수 의료 과목의 수가뿐만 아니라 전체 수가를 조정하는 것이다.

요컨대 행위별 의료수가의 골격이 상대적 평가를 근간으로 하다 보니 의료계 내에서도 어느 과의 어떤 행위에 어느 정도로 어떻게 수가를 조정해야 할지 의견일치를 보기 어려운 부분이 있다. 설령 의견일치를 보더라도 결국 수가를 최종 결정하는 것은 정부의 몫이다. 건강보험정책심의위원회, 이른바 '건정심'에서 수가의 최종 결정이 이루어진다. 건정심에 들어갈 위원들은 최종적으로 정부가 통제하기 때문에 정부 입김대로 수가를 일방적으로 결정할 수 있다. 다만 정부와 협상에 들어가기도 전에 이미 의료계 내부에서도 합의하기 어렵다는 문제가 있다는 얘기다. 대한의사협회 내에서의 협상도 어려운데 이후에 정부의 산을 또 넘어야 한다. 게다가 지난 십수 년간 비필수과의 의사 수가 급증하면서 더더욱 이런 과정이 고착화됐다.

이 때문에 필수 의료 과목의 낮은 수가를 개선하는 것은 쉽지 않은 일이다. 이렇게 단기 개선이 어렵다 보니 필수 의료과는 박리다매 형식으로 의료진을 갈아 넣는 행태가 유지되고 있고, 자연히 많은 병원과 의사들은 비급여 항목의 비중이 높은 인기 과목으로 진출하여 개업하기 바쁘다. 현재 우리의 왜곡된 의료 형태는 오로지 생존을 위한 체제로 변해온 결과물이다.

## 실손보험이 불러온 부작용

여기에 의료시장의 기형화를 촉진하는 또 다른 요소가 있다. 최근 과잉진료 문제와 관련하여 빼놓을 수 없는 것이 바로 '실손보험'이다. 원래 비급여 항목은 본인부담금이 높기 때문에 환자들에게 쉽게 감당하기 힘든 부담을 주는데, 상당 부분을 실손보험사에서 대납해주면서 환자들은 부담 없이 비급여 항목 진료를 받을 수 있게 되었다. 물론 환자들은 질 좋은 의료서비스를 저렴하게 이용하고, 병원은 수익을 올릴 수 있다는 점에서 나쁠 것이 없어 보인다. 하지만 이것은 실손보험사의 재정 악화로 이어져 지속 가능한 시스템이 아니다.

이는 마치 부동산과 비슷하다. 주택을 매수할 때 전세를 끼고 갭투자를 하듯이 비급여 부문의 의료서비스를 이용할 때 실손보험을 끼는 것이다. 전세를 활용하면 매우 적은 자기자본으로도 주택을 매수할 수 있듯이 실손보험 덕에 매우 낮은 본인부담금만 내고서 고급 의료서비스를 받을 수 있는 것이다. 하지만 세상에 공짜란 없는 법이다. 2020~2021년의 전세가격 거품이 2022년 부동산 시장의 하락으로 결국 그 대가가 돌아온 것처럼 실손보험의 손해 역시 언젠가는 대가를 치를 수밖에 없다.

실제로 보험사들은 실손보험에서 발생하는 적자를 메우기 위해 다른 보험 상품을 통해 소비자에게 과중한 부담을 전가한다. 대표적으로 자동차 보험이 여기에 활용된다. 그래서 실손보험이 감당하는 비급여 항목의 부담이 가중되면 가중될수록, 피부과나 재활의학과에서 환자들이 공짜 의료를 누리면서 발생하는 적자가 커지면 커질수록, 보험사는 자동차 보험을 통해 결손을 만회하려고 한다.

실손보험에 의존하는 비급여 항목의 매출 구조는 필수 의료 과목도 왜곡한다. 비급여 항목으로 수익을 올리기 쉬운 인기 과목에 비해 필수 의료 과목에서 올릴 수 있는 기대수익은 노동 강도나 노동량 대비 낮다 보니 의사들이 진로를 선택할 때 인기 과목에 쏠리는 현상을 한층 더 심화시킨다. 다시 말해 실손보험 퍼주기가 거듭되면 거듭될수록 실손보험으로 매출을 일으킬 수 없는 과목에서는 점점 더 의사들이 빠져나간다. 그러다 보면 필수 의료 영역에는 공백이 발생하고 이는 해당 영역의 붕괴로 이어질 수 있다. 또한 실손보험이 가성비 높은 보험인 것도 지속 불가능하다. 보험사고율이 높다면 보험요율도 올라가는 법이다. 장래에 실손보험사들은 결국 실손보험료를 높일 수 있는 데이터를 확보하는 대로 얼마든지 보험료를 올릴 것이다.

우리나라는 그동안 의료의 황금기를 누려왔다. 이는 건강보험 재원이 굉장히 풍족했기 때문이다. 그간은 인구 구조상으로 생산가능인구가 계속 성장하는 구간에 있었고 고령화가 심각하지 않아서 건강보험료를 낼 사람은 많았고 쓸 사람은 적었다. 여기에 의료수가 역시 낮게 유지되었기에 보험 재정에 쌓이는 돈은 많고 보험 재정에서 빠져나가는 돈은 적은 상황이 이어졌다. 건강보험공단의 예산이 쌓였다. 이러다 보니까 박근혜 정부와 문재인 정부에서는 보장성 진료 항목을 엄청나게 늘렸다. 이는 건강보험 예산으로 감당하는 의료 행위가 늘어났다는 것을 의미한다. 하지만 바꿔 말하면 기존에 병원의 수익원이었던 의료 행위들이 대거 건강보험의 급여 체계에 포함됐다는 것을 의미한다. 이는 곧 병원의 수익성 악화를 뜻한다. 적용 대상자들은 진료비 부담을 덜 수 있어서 대중은 이런 정책을 환영한다.

이에 병원들은 수익성을 높이기 위해 비급여 항목 진료를 더 늘리기 시작했다. 비급여가 폭발적으로 늘어나자 실손보험의 적자가 발생하고, 보험회사의 재정은 악화했다. 그러자 자동차 보험료가 덩달아 오르는 구조가 되었다. 이런 흐름이 최근 5년간 이어졌다.

종합적으로 평가할 때 지금은 상황이 달라졌다. 이제 고령화가 본격화하는 구간에 진입하면서 의료 수요는 계속 증가하고 있다. 특히 중증 노령 환자들을 진료하는 비용이 크게 증가하고 있다. 현재 추세로는 건강보험의 재정 악화는 필연적이다. 결국 건강보험 재정을 지탱하기 위해서는 근로자들의 건강보험료 부담이 증가할 수밖에 없다.

## 보건의료의 트릴레마

의료업계에서는 소위 '보건의료의 트릴레마'라고 부르는 해결할 수 없는 마의 삼각형이 있다고들 한다. 여기서 삼각형이란 의료의 질, 의료의 접근성, 의료의 가격을 말한다. 이 세 가지를 동시에 달성하기가 어렵다는 뜻이다.

세계 각국에서는 각각의 환경에 맞추어 셋 중 하나는 포기하고 나머지 둘을 취하는 식으로 의료제도를 설계한다. 가령 미국 같은 경우, 돈만 있으면 언제든지 병원에 접근해서 고급 의료서비스를 받을 수 있다. 하지만 '돈'이 정말 많아야 한다. 물론 보험 체계 안에 있으면 상당한 보호를 받지만, 보험 체계 바깥에 있는 이들은 막대한 의료 비용에 시달려야 한다. 접근성과 질을 취하되 가격을 포기한 셈이다.

반면 유럽은 공공의료의 비중이 높아 가격이 매우 저렴하다. 또 의료의 질 역시 선진국답게 수준을 유지하는 데 공을 들인다. 하지만 이를 위해 환자가 아무 때나 병원에 갈 수 없게 한다. 주치의를 설정해서 특정 의사만 찾아갈 수 있게 한다든지, 수술을 받으려면 오래전에 계획을 세워 예약해야 한다든지 하는 식으로 관리한다. 즉 환자의 병원비는 국가가 부담하되 병원 이용 횟수를 제한함으로써 건강보험의 재정을 건실하게 유지하고 의료서비스의 질이 떨어지지 않도록 관리한다.

우리나라는 언제든지 병원에 내원할 수 있는 접근성, 세계적인 수준의 의료서비스, 건강보험의 적용을 받는 저렴한 병원비라는 세 마리 토끼를 모두 잡았기 때문에 대내외적으로 호평을 받아온 것이 사실이다. 지금까지는 세계에서 유일하게 트릴레마를 해결해온 것이다.

이제는 견고해 보이던 이 시스템에 균열이 발생하고 있고 트릴레마의 세 가지 측면 모두가 동시에 어려워질 것이 자명해진 상황이다. 결과적으로 의료서비스의 질은 하락하고, 가격은 높아지고, 병원 이용은 더 어려워지는 수순으로 진행될 것이다.

이는 앞에서 언급한 응급차 안에서 사망한 사례 같은 일이 앞으로 더 빈번하게 발생할 수 있다는 것을 의미한다. 가령 중증질환으로 진료를 시급히 받아야 하는 지방의 환자가 이용할 수 있는 지방 1·2차 의료기관이 없어서 서울의 3차 의료기관에 가야 하는데, 막상 내원해보면 병실이 항상 만실이라든지, 의료 인력이 부족해서 적절한 조치를 받지 못한다든지 하는 일이 언제든 일어날 수 있다는 말이다. 이런 경험들은 다시 "큰 병원에 의사 지인이 있어야 좋다"라는 세간의 속설을 체감하게 하면서 자녀를 의대에 보낼 압력으로 돌아온다.

우리나라는 현재 의료서비스의 장기 지속 가능성이 경각에 달해 있다. 정책 결정권자들이 정파적이거나 진영적인 접근을 지양하고 실제 해결 가능한 문제부터 하나하나 처리해나가야 한다. 불균

형한 의료수가, 과잉진료, 의료 인력의 과도한 노동, 상급 병원의 지나치게 낮은 문턱, 지방 의료의 소멸, 필수 의료와 응급 의료의 붕괴 양상 등 여러 문제가 하나의 사슬로 엮여 견고한 악순환 구조를 이루고 있기에 빠른 대응이 필요하다. 2024년 3월 기준 의대 정원 2천 명을 더 늘리는 방안이 발표되면서 의료 분야는 변화를 앞두고 있다. 그러나 정원을 늘리는 것은 표면적 해결책일 뿐이다. 근본적으로는 결국 시스템을 바꿔야 한다. 현재 고착화된 시스템을 바꾸지 않으면 앞으로도 응급실 전공의는 부족할 것이기 때문이다.

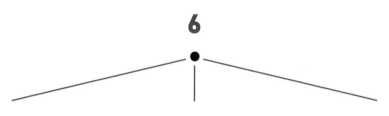

# 내 아파트가 무너진 이유

2023년 인천 검단신도시 아파트 공사현장에서 지상층 주차장이 무너져내리는 사고가 있었다. 최초 알려진 원인은 철근 배근을 누락한 기둥이 다수 발견되었다는 것이었다. 철근 배근이란 철근 콘크리트 구조물을 만들기 위해 거푸집 내부나 거푸집 판 위에 철근을 배치하는 것을 말한다. 그 사건 이후 정부는 LH가 시공한 무량판 구조의 아파트에 대한 전수조사를 했는데 총 91개 단지에서 무려 15곳에서 철근을 빼먹는 등의 시공 문제점을 발견했다. 철근을 빠뜨린 원인은 다양했는데, 확인된 15개 단지 중 10곳은 설계단계에서부터 철근 개수를 잘못 계산하거나 단순 실수로 빠뜨린 것으로 밝혀졌다. 나머지 5개 단지는 설계에는 문제가 없었으나 시공 과정에서 철근을 누락한 경우였다. 그리고 결정적으로 15개 단지 모두 감리하는 과정에서 이 사실을 찾아내지 못했기 때문에 실제 철근 누락으로 이어졌다. 종합해보면 91개 단지 중 감리 문제는 15건, 설계 문제는 10건, 시공 문제는 5건이었다.

사건의 파문이 심각했기에 급기야 LH 아파트만이 아닌 민간 아파트 역시 전수조사를 했다. 다행히 민간 아파트에서는 이런 문제가 발생하지 않았다. 그러나 이 사건으로 인해 공사현장의 여러 문제점이 드러났다. 사실 이보다 1년 전 광주광역시 아파트 공사현장에서 시공 중에 슬래브가 무너지는 사고가 발생하면서 대규모 인명 피해가 난 적이 있어서 공사 품질에 대한 논란이 더 격화됐다.

건설업은 매우 규모가 크고 전문적인 산업이다. 특히 최근 10년간 건설업 성장세가 매우 가팔랐으며 건설 경기가 최고점에 달했던 2021년에는 1년에 200조 원의 건설 수주가 이뤄질 정도였다. 특히 우리나라는 경기가 침체하면 부동산 경기를 활성화하여 경기를 부양하는 것이 일반적이었다. 이 과정에서 건설업은 핵심 역할을 맡아왔다. 이는 건설업의 고용 유발 효과가 커서 실업률을 낮추는 데도 효과적이었기 때문이다. 그런데 이런 핵심 산업이 화려한 외적 성장과는 달리 내적으로는 눈에 띄지 않게 곪아가고 있었다는 것이 최근 일련의 건축물 붕괴 사고를 통해 여실히 드러났다.

# 무량판이 진짜 문제였을까?

공사 부실에 관한 논란은 무량판 구조와 관련해 시작했다. 건물이란 지구의 중력을 버텨내는 구조물을 층층이 쌓아 올리면서 완공하는 것이기 때문에 수직 무게를 어떤 구조가 부담하는지, 그리고 그 구조가 어떻게 만들어지는지가 핵심이다. 주택의 경우 구조 형식은 통상 두 가지로 나뉘는데, 수직 무게를 기둥이 부담하는 기둥식과 아파트처럼 벽이 부담하는 벽식 구조가 있다. 기둥식은 다시 두 가지 하위분류로 나뉘는데, 기둥-보-슬래브의 형식을 모두 갖춘 라멘rahmen 구조와 기둥-슬래브로만 되어 있는 무량판 구조가 있다.

우리나라에 아파트가 도입되던 초기에는 라멘 구조의 기둥식이 주를 이뤘다. 1960년대 지어진 이촌동의 아파트는 기둥 위에 보를 설치하고 다시 그 위에 슬래브를 얹는 전통적인 방식을 사용했다.

**아파트 바닥 구조 종류**

|  | 벽식 구조<br>(슬래브+벽체) | 기둥식 구조/라멘 구조<br>(슬래브+보+기둥) | 무량판 구조<br>(슬래브+기둥) |
|---|---|---|---|
| 특징 | 기둥 없이 벽만으로 천장을 지탱 | 천장에 설치한 보와 기둥이 천장을 지탱 | 보 없이 기둥만으로 천장을 지탱 |
| 장점 | • 매우 경제적인 방식<br>• 공사비 저렴한 편 | 층간소음 적음 | 시공이 용이함 |
| 단점 | 층간소음에 취약함 | 공사비가 상대적으로 비싼 편 | 기둥이 바로 슬래브를 지지하므로 슬래브가 뚫리는 것을 방지하기 위해 기둥 주변에 철근을 여러 겹 감아줘야 함 |

이 때문에 현재의 아파트보다 층높이가 매우 높은 특성이 있었다. 보가 설치되는 높이만큼 실내 층높이가 올라가기 때문이다.

1980년대 접어들면서 이러한 경향에 변화가 생겼다. 당시 고질적인 주택난을 해결하기 위해 아파트를 단기간에 대량으로 공급해야 할 필요가 절실해졌다. 이를 위해 더욱 빠르고 신속하게 건축할 수 있는 공법에 대한 요구가 커지면서 벽식 구조가 기존의 기둥식 구조를 대체했고 새로운 대세로 떠올랐다. 벽식 구조로 바꾸자 아파트 시공 속도 면에서 비약적인 진전이 있었고, 1980년대 말부터 1990년대 초반에 노원, 목동, 분당, 일산, 평촌 등지에 대규모 주택을 공급할 수 있었다.

벽식 구조는 기둥식보다 구조 형식이 단순하고 층높이가 낮다는 특징이 있다. 시공 속도가 빠른 것은 물론 같은 높이의 건물에 더 많은 아파트 층수를 올려 세대수를 늘릴 수 있다는 추가 이점까지 있다. 벽식 구조가 주류를 이루면서 아파트 건설의 수익성 역시 한층 제고되었다. 말하자면 아파트 도입 초기였던 1960년대와 1970년대에는 아파트 건설 하나하나가 매우 중차대한 프로젝트였고, 고층 건축물의 표준 구조 방식이라 할 라멘 구조를 사용한 기둥식으로 지어진 아파트가 주류였지만, 1980년대에서 1990년대로 접어들면서 단기간에 빠른 속도로 아파트를 짓는 속도전 속에서 벽식 구조가 우리나라 아파트 건축의 주요 시공법으로 자리 잡았다. 이후 벽식 구조가 30년 넘게 아파트 구조의 정석처럼 받아들여졌고, 민간 건설사들은 굳이 이 방식의 단점을 알릴 필요가 없었다. 고객이 자연히 벽식 구조를 선호하게 됨으로써 기술혁신을 할 주체는 공공뿐이었다. 그리하여 공공에서 무량판 등 다양한 기술 변화를 주도해왔다. 그런데 검단신도시 아파트에서 무량판 기둥식으로 시공법을 바꾸면서 붕괴 사고가 일어나자 무량판 구조에 대한 의심이 고개를 들었다. 화두가 무량판으로 옮겨가자 무량판 구조 논란에 불이 붙었다.

이번 사건도 충격을 주었지만 과거에 무너진 삼풍백화점 역시 같은 방식으로 지어졌기 때문에 무량판 구조에 대한 불안과 우려가 걷잡을 수 없이 커졌다. 먼저 무량판 구조의 건물이 어떤 식으로 파괴될 수 있는지 알아보자. 무량판 구조의 경우, 슬래브 바닥을 기둥이 받치는 구조다 보니 무거운 하중이 슬래브 위에 얹히면 충분한 전단shear 보강력이 보장되어야 한다. 여기서 전단은 물체에 작용하는 힘의 종류 중 하나로 물체를 칼로 자르듯 잘려나가게 하는 힘이다. 물체의 표면을 따라 발생하는 힘에 대항하지 못하면 기둥이 슬래브를 뚫어버리면서 무너지게 된다. 이를 펀칭punching이라고 하는데, 마치 송곳 위에 종잇장을 올려놓은 상태에서 종이 위에 무게 있는 물체를 올리면 송곳이 종이를 통과해버리는 것처럼 기둥이 천장을 통과해버리는 것이다. 이를 방지하기 위해서는 기둥과 슬래브가 만나는 지점에 철근을 충분히 엮어서 기둥이 슬래브를 뚫지 않도록 잡아줘야 한다. 이를 전단보강근이라고 한다.

무량판 구조를 사용하면서 전단보강근을 제대로 시공하지 않거나 과도하게 무거운 물체를 슬래브 위에 올려 펀칭이 발생하면서 건물이 붕괴하는 일이 종종 있었기 때문에 무량판 구조 자체가 위험하다고 생각하기 쉽다. 그러나 어떤 구조로 건물을 짓더라도 설계하중(구조물을 설계하기 위해 상정되는 무게)을 초과하는 무게가 쌓인다면 무너질 수밖에 없다. 따라서 무량판 구조 자체가 붕괴의 원인은 아니다. 늘 그렇지만 구조 형식은 문제가 아니었다.

## 사고의 진짜 원인은 따로 있다

무량판 구조가 원인이 아니라면, 인천 검단의 LH 안단테 아파트를 포함해서 붕괴한 여러 건축물은 도대체 무슨 이유로 무너졌을까? 일단 검단의 안단테 아파트의 경우, 결과 보고서가 7월 5일에 공개됐는데 바로 다음 날인 7월 6일에 GS건설이 5,500억 원의 비용을 들여서 전면 재시공을 하겠다고 발표했다. 이렇게 신속하게 5,500억 원의 비용을 감수하겠다고 결정한 것은 GS건설이 스스로 사건의 책임을 인정했다고 볼 수 있다. 그렇다면 어떤 부분에서 시공상의 하자를 인정했던 것일까?

사고에 대한 결과 보고서는 설계/시공/감리 모든 면에서 문제를 지적했다. 먼저 설계 단계에서 구조 설계 도면을 시공 도면으로 전환하면서 실수가 발생했는데, 구조 설계는 컴퓨터 구조프로그램으로 제작하는 것이라 문제가 생길 여지가 없다. 이 도면을 시공 도면으로 옮기는 과정에서 사람이 실수할 수는 있다. 구조 설계상 시공되어야 할 철근이 실제 시공 도면에서 빠뜨리는 실수를 했다. 이러한 시공 도면상 잘못된 부분을 감리 단계에서 바로잡아야 하는데, 이를 발견하지 못했다. 여기에 더해 건설사 직원 역시 시공 과정에서 실수를 범했다. 주어진 도면대로 시공했다면 최소한 시공자의 책임은 면제된다고 할 수 있겠지만, 심지어 잘못 작성된 도면만큼도 철근을 사용하지 않았던 것이다.

LH 쪽에서도 설계/감리/시공 모든 면에서 실수를 범했다는 데는 불문가지다. 그런데도 GS건설은 조사 보고서가 발표된 다음 날 바로 전면 재시공하겠다고 발표하면서 5,500억 원의 비용을 책임지기로 했다. 이는 LH 쪽의 여러 과실에도 불구하고 실제로 사고가 일어난 원인에서 GS건설 쪽의 책임이 더 크다는 것을 시사한다.

검단 안단테 아파트는 위에서 설명한 것처럼 슬래브와 기둥을 단단하게 엮어줘야 할 전단보강근이 빠진 사실이 대서특필됐다. 그런데 조사 보고서에 따르면 분명히 전단보강근이 빠진 것은 맞지만 무게를 지탱하기 위한 휨 강도와 전단 강도는 절반 이상의 기둥에서 정상으로 측정됐다. 다시 설명하면 슬래브와 기둥을 연결하는 중심 철근인 주근은 다 시공한 상태에서 이 주근에 덧대야 하는 전단보강근이 다소 빠졌음에도 불구하고 기본적으로 들어가 있는 주근만으로도 무게를 부담하는 것이 가능했다는 것이다.

이는 안전계수 개념을 알면 더 쉽게 이해할 수 있다. 일반적으로 건축물을 지을 때는 지탱해야 하는 무게의 약 1.5배 정도는 감당할 수 있도록 건물을 설계하기 때문에, 지엽적으로 몇몇 철근이 빠진다고 해서 쉽사리 무너지지 않게끔 되어 있다. 다시 말해 부담해야 하는 최소 하중보다 훨씬 넉넉한 무게를 감당할 수 있게 건축하는 것이 일반적이어서 보조 역할을 하는 철근이 빠졌어도 어느 정도의 강도는 확보될 수 있다는 말이다.

그러면 사고의 주요 원인은 무엇일까? 이를 파악하기 위해서는 실제 공사 진행 양상을 전반적으로 살펴봐야 한다. 당시 놀이터 공사를 할 때, 즉 지하주차장 위에 배치된 놀이터에 흙을 쌓는 작업이 한창 진행 중이었다. 먼저 EPS 패널이라는 스티로폼을 쌓은 다음, 스티로폼 더미 위에 흙을 조금 덮어 나무가 심긴 놀이터 공간을 만드는 것이 목표였다. 그러니까 놀이터 공간이 전부 흙으로만 덮이는 것이 아니라 중간에는 가벼운 스티로폼 패널이 들어가는 구조인데, 이를 철근 콘크리트로 만들어진 슬래브와 기둥이 버텨야 했다. 그런데 놀이터 공사를 하면서 흙을 쌓는 과정에서 흙을 평탄화해서 균등하게 깔아놓은 것이 아니라 한쪽에 집중적으로 쌓아버리면서 무게가 한쪽으로 쏠려버렸다. 가장 흙이 많이 쌓인 곳은 2.1미터였던 반면, 가장 낮았던 곳은 0.2미터에 불과했다. 즉 흙의 무게가 한 지점에만 집중적으로 스트레스를 가했다는 것이다.

일반적으로 흙이라고 하면 사람들이 그 무게를 가볍게 여기는 경향이 있다. 흙은 물과 비교해서 2배 이상 무겁다. 즉 흙이 2미터 넘게 성토되어 있다는 것은 물이 4미터 높이 이상 실려 있는 것과 같다. 게다가 사고 전날 비까지 내렸기 때문에 물을 머금은 흙은 그 하중이 그냥 물의 3배가 넘는다. 그래서 2미터의 흙이면 거의 6미터의 물이 실린 것과 같다. 이는 바닥을 무너뜨리고도 남을 무게다. 게다가 콘크리트 바닥도 강도가 약한 상태였다. 건설사고조사위원회의 보고서에 따르면 사고의 주요 원인은 크게 셋으로 구분된다. 첫째는 전단보강근 미설치, 둘째는 콘크리트 강도 부족, 셋째는 추가되는 흙의 하중을 고려하지 않은 것이다. 셋째를 풀어 이야기하면 편하중(무게가 한쪽으로 치우친 상태)이 놀이터 건설 과정에서 발생했다는 것이다.

편하중은 결국 시공 단계에서 발생한 문제이기 때문에 시공사인 GS건설의 책임이 크다. 그래서 LH에서 설계/감리/시공 모든 면에서 문제가 있었고, 이후 밝혀진 것처럼 전관예우 문제가 터지는 등 LH 쪽의 과실이 적지 않음에도 보고서가 발표된 다음 날 GS가 5,500억 원의 비용을 모두 부담하기로 발표했던 것이라 볼 수 있다.

## 시공 하자가 생기는 원인

여기서 진짜 핵심 질문은 이런 중차대한 시공 하자가 왜 생겼는지다. 과거와 현재의 건설 환경의 변화를 들여다보면 답을 찾을 수 있다. 여러 차이점이 있겠지만 과거의 건설업계에는 현재보다 공사 현장에 더 많은 관리 인력이 배치되었다. 여러 위험한 작업을 전반적으로 관리하기 위해 현장 관리자 다수가 배치되어 위험 요소를 철저히 제어하면서 공사를 진행했다. 그런데 현재는 그렇지 않다. 과거보다 위험 관리 업무가 다소 약화된 측면이 있다.

국내 건설현장이 안전 관리에 소홀하게 된 데는 주된 원인이 몇 가지 있다. 첫째, 2013년의 건설업 어닝 쇼크(실적 충격)의 영향이다. 2013년 당시 많은 메이저 건설사들이 중동에서 플랜트 공사를 수주했다가 막대한 손실을 보았는데 이후 재정 상황을 개선하기 위해서 효율성과 수익성을 추구하는 경영 노선으로 전환한다. 그리고 이를 위해서 매출 규모 대비 인건비를 절감하는 방식을 채택한다. 건설업 역시 서비스업이기 때문에 1인이 담당해야 하는 일정한 매출 규모가 있다. 통상적으로 주택 사업은 20억 정도 되는 매출을 1인이 부담해야 한다. 예를 들어 200억 원 규모의 공사에서 1인당 20억 원을 담당한다고 할 경우, 필요한 인력은 10명이다. 즉, 1인당 매출 부담액을 설정한다. 그런데 2020년 이후 1인당 매출 부담은 약 30억 원 정도로, 과거보다 50% 이상 늘어났다. 이는 200억 원 규모의 공사에 과거에는 10명이 배치되었다면 현재는 6~7명이 배치된다는 뜻이다. 그만큼 노동자 한 명이 해야 할 일은 소득증가분보다 훨씬 더 늘어났다.

과거보다 현장에 배치된 인력은 줄고, 한 사람이 담당해야 하는 일(매출)은 늘었다. 그러다 보니 현장에서 시공 관리를 해야 할 인력들이 공사 진행에 필요한 서류 작업에 신경을 쓰느라 위험 관리가 제대로 되지 않는 상황이 빈번히 발생하고 있다.

이 같은 현실은 실제로 공시자료에도 드러난다. 이번에 문제가 된 GS건설의 경우, 2015년 공시자료를 보면 1인당 매출 부담이 약 26억 원 정도였다. 이에 반해 2022년의 공시자료를 보면 9조 3천억 원 매출에 약 3천 명 정도 되는 인원이 투입된 거로 나와 1인당 31억 원으로 늘었다. 이는 직관적으로 과거보다 1.2배를 더 일해서 책임져야 한다는 것을 뜻하며, 아마 체감적으로는 1.5배에 달하는 부담을 짊어졌을 것이다. 이와 반대로 개선된 사례로는 대우건설을 꼽을 수 있는데, 2015년에는 1인당 매출 부담이 약 30억 원 정도였지만 2022년 현재는 22억 원으로 오히려 줄었다. 1인당 매출액만이 평가지표가 될 수는 없지만, 직관적으로 어느 회사가 더 근무하기 좋은 여건일지는 숫자가 말해준다.

물론 경영 효율의 관점에서 보면 1인이 30억 원 넘는 매출을 담당하는 GS가 더 효율적이라고 말할 수도 있지만, 뒤집어 말하면 직원 개개인에게 과중한 업무 부담이 발생하고 있다는 뜻도 된다. GS건설뿐 아니라, 국내 건설시장의 전반적인 변화가 이렇다. 2012~2014년의 대규모 실적 부진 이후 기업의 경영이 수익성 추구에 몰입하면서, 한 명의 노동자에게 점점 더 업무상 부담이 증가하는 추세로 전환하면서 이것이 쌓이고 쌓여 사고율이 높아지는 것이다. 이것은 장래에 시공과 관련한 사고로 이어질 가능성이 크다. 그러나 이마저도 국내 최고의 건설업체들을 비교한 것이며, 탑티어 건설사가 아닌 경우 고강도 업무를 한 명이 해내야 하는 더욱 열악한 업무환경이다.

둘째, 현재 건설현장의 인력 상당수가 이주 노동자로 채워져 있다는 사실이다. 이는 과거에 비해 현장 인력을 관리해야 할 사항들이 한층 증가했다는 것을 의미한다. 같은 업무라고 하더라도 업무 강도는 과거보다 2배로 늘어났다고 볼 수 있다. 물론 과거에도 이런 과중한 업무 강도는 존재했다. 당시에는 노동자의 권리가 지금처럼 보장되지 않던 시절이라 과중한 업무를 강요하다시피 하여 이러저러한 방법으로 처리할 수 있었으나 현재는 노동권이 과거에 비해 의미 있는 수준으로 개선되었기 때문에 10여 년 전처럼 일방적으로 고강도 업무를 강요할 수 없다. 요즘은 콘크리트 타설 중에도 저녁 6시가 되면 퇴근해야 하는 시대가 되었는데, 과거에는 밤 10시든 새벽 2시든 콘크리트 타설이 시작되면 끝을 내야만 퇴근할 수 있었다. 이런 전근대적 관행 위에 성장해온 건설업이 이제는 과거의 방식을 답습하기 어려워졌으며 더구나 인력 구성 자체가 외국인 노동자 중심으로 바뀐 상황에서는 더욱 한국식 관행을 강요하기가 불가능해졌다.

누군가는 효율성이 떨어졌다고 말할지도 모른다. 하지만 이는 잘못된 인식이다. 오히려 인력을 착취하던 과거의 노동 관행이 비정상적이었음을 인정하고, 선진적으로 변화한 현장 문화에 적합하게 더 많은 인력을 적재적소에 배치하여 관리 사항을 감당할 수 있게 현장 구조를 설계해야 한다. 착취하니까 수익이 나는 것과, 제대로 일을 하고도 수익이 나는 것은 차원이 다르다. 회사에 중요한 업무라면 그 업무를 수행하는 인력에는 그에 걸맞은 대접을 하는 것이 상식이다.

말하자면 안전도 돈이다. 세상에 공짜란 없다. 경영의 효율성만 추구하다 보면 현장 인력의 부족과 과도한 업무 부담으로 이어질 수밖에 없다. 자연히 반대급부로서 안전 관리의 실패와 시공 과실이 발생할 가능성이 커진다. 총체적 관점에서 득실을 따져보면 어떤 것이 진짜 중요한 비용이고 어떤 것이 진짜 효율인지 자문해봐야 한다.

현재 언론에서 언급되는 이권 카르텔이라든지 LH의 전관예우 같은 것은 겉으로 드러난 문제에 불과하다. 당연히 철저히 조사해서 혁파해야 할 폐해이지만, 본질적으로 현장의 관리 관행이 정상화하지 않는다면 그런 부도덕한 요소가 제거되더라도 인재人災가 뒤따를 수밖에 없다. 결국은 더 많은 관리 인력의 채용과 1인당 매출 부담의 완화가 건설 안전 문제를 해결하는 핵심이다. LH나 GS만의 문제가 아니다. 전체적인 건설업계의 자기반성이 필요한 시점이다.

이러한 변화 속에서 인구 구조는 완전히 녹다운 펀치를 날리고 있다. 모든 산업 분야에서 숙련공 부족 사태가 매우 심각한 수준으로 진행되고 있다. 건설뿐만 아니라 조선업에서도 양질의 노동 인력을 구하기 어려워지면서 생산성 문제로 이어지고 있으며 다른 산업도 마찬가지다. 당장 건설업계로 유입되는 인력풀보다 오히려 건설업을 떠나는 고급 인력풀이 적지 않다. 게다가 신규로 유입되는 젊은 층은 외국인이 주를 이루면서 한국인 숙련 노동자 시장이 소멸하고 있다.

2010년대에 원전시장을 분석한 적이 있는데 그때 미국에서 "우리나라에는 해당 기술을 경험한 세대가 모두 죽고 없습니다"라고 말하는 것을 들었다. 한국도 아마 현재의 중화학, 중공업, 건설업 등 전문 기술자들이 점차 사라지고 그 자리를 다른 나라의 노동자에게 물려줘야 할 날이 올 것이다. 그런데 이러한 준비가 되어 있을까?

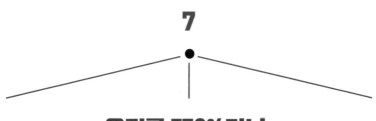

# 용적률 750%라니,
# 그 집은 누가 사나

노후계획도시법이라는 특별법이 지난 21대 국회에서 통과되었다. 아이러니하게도 이 법이 원래 입법 취지와 다르게 어쩌면 한국이 일본의 잃어버린 30년을 그대로 따라가게 하는, 다시 말해 기나긴 저성장의 늪에 빠지게 할지도 모른다는 우려를 금할 수가 없다.

노후계획도시법은 2022년 대통령 선거에서 윤석열 당시 후보의 공약으로 도입되었다. 처음 이름은 '1기 신도시 재건축 특별법'이었으며, 말 그대로 1기 신도시 총 30만 호의 가구를 약 40만 호로 1.3배 증가시킨다는 내용이 담겨 있었다. 윤석열 대통령이 당선된 이후, 1기 신도시 재건축 특별법을 현실화하는 과정에서 몇 가지 제약과 맞닥뜨린다. 특정 개별법이 1기 신도시에 거주하는 30만 호의 가구에만 혜택을 주는 셈이어서 형평성에 어긋난다는 것이다. 특히 1기 신도시 준공연도인 1991~1995년 사이에 건설된 총 아파트 수가 180만 호인데, 그중 30만 호인 1기 신도시에만 혜택을 주고, 같은 기간 건설된 다른 아파트 150만 호에는 혜택이 돌아가지 않는다는 것은 어떤 법 논리로도 공감대를 얻기 어려웠다. 1기 신도시 재건축을 논의하던 정부와 민간 전문가들은 묘수를 내놓았다. 그것이 바로 '1기 신도시'가 아니라 '노후계획도시'를 하자고 나선 것이었다. 훗날 이러한 접근은 결국 같은 당 국민의힘 의원이 말했듯이 "양두구육羊頭狗肉(양의 머리를 올려놓고 개고기를 판다는 뜻) 법"이라고 불리게 된다. 그렇게 노후계획도시라는 이름으로 변경된 이 법은 자연스럽게 그 대상을 확대했는데, 1기 신도시 30만 호에서 노후계획도시로 명명한 준공 20년이 넘은 100만 제곱미터 이상의 전국 택지개발지구 총 51개소의 아파트를 대상으로 하게 되었다.

## 노후도시계획법이 탄생한 이유 두 가지

현행 노후된 아파트를 재건축하려면 도시정비법이 처음 만들어졌을 때 정해놓은 안전진단을 통과해야만 가능하다. 안전진단은 1990년대를 경험하면서 무분별한 주택멸실을 방지하고자 도입된 일종의 안전장치였다. 건축물 구조체가 안전하다면 긴 수명을 지향해야 하는데 1990년대 지어진 아파트는 도저히 이 안전진단을 통과할 수 없다는 생각에서 만들어진 것이 노후계획도시법이다. 국토부가 주관하는 민간 전문가 초청 회의에 참석했을 때 한 국토부 직원은 "현재 기준으로 1기 신도시에 재건축 안전진단을 적용할 때 99% 정도가 통과할 수 없다"라고 말했다. 바로 이 대목이 노후계획도시법을 고민하게 된 실무진의 출발점이었던 것 같다.

두 번째 고민은 1기 신도시들의 평균 용적률이 200% 수준에 이르는 만큼, 현재의 법 체계에서 300%로 제한된 상한 용적률 속에서는 재건축을 하는 데 필요한 사업성을 제대로 확보하기 어렵다는 점이었다. 과거의 재건축 대상, 즉 1970년대 준공된 아파트들의 용적률은 150% 미만이어서 300%가 되면 면적이 물리적으로 2배 증가할 수 있는 환경이다 보니, 일반분양 세대수를 늘릴 수 있어서 사업성이 양호했다. 그러나 이후 준공된 아파트의 재건축 시기가 돌아오면서 용적률이 경제성의 발목을 잡기 시작한 것이다. 극단적으로 250% 용적률로 건설된 아파트가 아무리 노후화하더라도 현행 법 체계에 따라 동일한 250% 용적률로 지어져야 한다면, 원 소유주가 모든 사업 비용을 부담해야 한다. 사실 어떻게 보면 이것이 더 자연스러운데, 그동안 우리 사회의 재건축은 대개 일반분양을 통해 벌어들이는 제삼자의 돈으로 진행되어왔기에, 원 소유주가 비용을 부담해야 한다는 사실을 지금 와서는 쉽사리 받아들이지 못한다. 이러한 생각에서 한 발짝도 벗어나지 못한 국토부가 용적률만 높여주면 일반분양이 많아지고, 그러면 소유주의 부담감이 감소하여 재건축이 활성화될 거라는 생각으로 노후도시계획법에 용적률 인센티브 조항을 집어넣었다.

안전진단 완화 및 용적률 상향 등 특혜 조항이 부당하다고 주장하는 야당은 여당과 국회에서 치열하게 논쟁을 벌였다. 그 결과, 안전진단 면제 대상에 몇 가지 의무사항을 추가했다. 노후도시계획법은 안전진단을 면제하는 조건으로 사업지 내에 특별정비구역을 만들고, 특별정비구역에는 공공기여(기부채납)를 포함해야 한다고 규정했다. 그러나 근본적으로 초고밀도 재개발이 가능해졌다는 것이 이 법이 갖는 의미다.

2024년 1월 이 법의 시행령을 발표하는 자리에서 공공기여에 관한 내용을 더 구체화했다. 핵심은 현행 재건축 관련 법에서 용적률상에서는 공공기여를 10~40% 사이에서 조례로 정하고, 노후도시계획법으로 인해 특례 용적률을 받는 추가분에 대해서는 기여를 40~70% 사이에서 정하게 하여 특례 용적률 부분에 대한 경제적 인센티브를 상당히 회수하겠다는 것이었다.

## 과연 현실성이 있는 내용일까?

현재 1천 세대로 구성된 용적률 200%의 단지가 있다고 하자. 계산을 쉽게 하기 위해 모든 세대의 면적이 동일하다고 가정할 때 용적률 100%당 500세대가 들어가는 셈이니, 용적률 300%가 된다면 1,500세대가 지어질 수 있다. 이것이 현행 도시정비법상의 상한 용적률이다.

노후도시계획법은 300%의 1.5배인 450%까지 허용한다. 추가로 150%p라는 특례 용적률을 더 적용받는 셈이다. 그렇다면 주택은 자연스럽게 기존 1천 호에서 도시정비법 + 특례법을 조합해 합산 450% 용적률을 적용받을 수 있어서 총 주택 수는 2,250세대(500세대×450%)까지 증가한다. 다만 2,250세대가 구 조합원들을 위한 1천 세대와 공공기여 세대, 일반분양 세대로 나뉘고 그에 따른 의무사항만 달라질 뿐이다.

이 사례에서 최저 공공기여 상황을 가정해보자. 도시정비법상 증가할 용적률에선 10%, 노후도시계획법상 증가할 용적률에선 40%를 공공기여해야 한다. 그렇다면 100%의 0.1배, 150%의 0.4배 용적률이 공공기여이고, 이를 뺀 수치가 일반분양이다.

최저 공공기여 시의 공급 구도는, 조합분양은 1천 세대(고정), 공공기여는 500×0.1 + 500×1.5×0.4 = 50 + 300 = 350세대, 일반분양은 1,250 − 350 = 900세대가 된다.

최대 공공기여 시의 공급 구도는, 조합분양은 1천 세대이며 공공기여는 500×0.4 + 500×1.5×0.7 = 200 + 525 = 725세대, 일반분양은 1,250 − 725 = 525세대가 된다.

이때 일반분양하는 주택가격을 입지에 따라 각각 9억 원, 6억 원, 3억 원이라고 가정해보자. 그리고 사업 비용은 공사비와 이자비의 현실적 수준을 고려하여 4억 원이라고 가정해보자.

먼저, 주택가격이 9억 원인 경우 최저 기여에서 분양 매출은 일반분양 900세대×9억 원 = 8,100억 원이며, 공공기여인 350세대는 원가에 분양해야 하는 손익분기점(BEP) 사업이고, 잔여사업원가는 조합원 1천 세대 + 일반분양 900세대 = 1,900세대×4억 원으로 7,600억 원이 된다. 그렇다면 이 사업은 500억 원의 수익을 낼 수 있고, 이는 조합원당 5천만 원의 환입금이 생길 수 있는 조건이다.

그런데 최대 기여에서는 어떻게 될까? 분양매출은 일반분양 525세대×9억 = 4,725억 원이고, 공공기여 725세대는 BEP 사업, 잔여사업원가는 조합 1천 세대 + 525세대 = 1,525세대×4억 원 = 6,100억 원이다. 사업손익은 4,725억 원 - 6,100억 원 = -1,925억 원이며, 이는 조합원당 약 1.9억 원의 추가분담금을 내야 한다는 얘기다. 즉, 최대 기여에서는 주택가격이 9억 원이라고 해도 손실이 발생한다는 의미다.

만약 주택가액이 6억 원이라면 어떻게 될까?

최저 기여에서 같은 방식으로 계산하면, 분양수익은 900세대×6억 원 = 5,400억 원이고, 비용은 1,900세대×4억 원 = 7,600억 원이므로, 손실액은 1,800억 원이 된다. 이는 조합원당 1.8억 원의 추가분담금이 필요하다는 의미다. 최저 기여에서도 이렇다.

최대 기여를 선택한다면 어떻게 될까? 분양수익은 525세대×6억 원 = 3,150억 원이며 비용은 1,525세대×4억 원 = 6,100억 원이다. 사업손익은 3,150억 원 - 6,100억 원 = -2,950억 원이며, 조합 원당 약 3억 원의 분담금을 내야 한다.

즉, 용적률을 450%로 높이더라도, 기여율이 올라가면 3억 원을 내야 하고, 기여율을 최저로 낮추어도 1.8억 원을 내야 하는 상황이다. 이는 물가 상승으로 주택가격과 사업비(공사비 + 금융비 등)가 오르면서 빚어진 결과이다.

물론 이런 단순한 계산이 모든 정비사업에 그대로 들어맞는 것은 아니다. 하지만 추세가 어떻게 흐르는지에 관한 이해는 도와줄 수 있다. 위와 같은 계산에서 나온 결론은 간단하다. 이른바 9억 원이 넘는 고가 주택이 아니라면 재건축의 수익성이 점차 사라지고 있다는 것이다. 중위 주택가격 수준부터는 어느 사업 사례가 되더라도 현재의 분양가/공사비/금리 같은 구조에서는 마이너스 수익률로 이어진다고 결론 내릴 수 있다. 공공 기여도를 최대한 낮추는 구조에서도 마찬가지다.

이런 계산은 사실 문방구 계산기만 있어도 간단히 할 수 있는 만큼 국토부 역시 이 사실을 모두 알고 있으며, 관련 정부 관계자 역시 잘 알고 있다. 이런 결과를 알면서도 입법을 추진했다고 보는 것이 타당하다. 이러한 입법의 문제는 2024년 1월 발표된 도시정비법 개정안에 담겨져 있다. 모든 사업장에서 사업성에 대한 근본적 검토보다는 추진위원회 결성과 조합설립인가를 먼저 받도록 해서 정비사업과 관련된 재건축 시장의 이권 관계자들이 무리하게 사업을 추진하게 만드는 환경을 조성했다. 정비사업 자체가 나쁘다는 것이 아니라, 진지한 사업성 검토 없이 무분별하게 사업장이 만들어질 수 있는 위험을 정부가 조장하고 있다는 점이 문제다.

## 책임 있는 자들의 부작위

보다 근본적인 문제는 노후도시계획법이나 도시정비법 개정안에 주택수급계획에 대한 인식 부족이 고스란히 담겨 있다는 점이다. 우리나라의 주택 공급 목표는 2022년 기준, 전국적으로 인구 1천 명당 427호이고 수도권이 411호였다. 중간에 우여곡절이 있었지만 종국적으로 주택 공급이 활발해지면서 어느 정도 목표를 달성할 수 있었다. 그런데 제3차 주택종합계획에서 2023년부터 2032년까지 10년간 공급 목표를 세우고 이를 달성할 계획을 수립해야 하고, 여기서 나오는 주택 수요에 맞게 공급계획을 수립해야 하는데 논의조차 없었다. 현재의 노후도시계획법과 도시정비법 개정안을 통해서 구도심의 주택을 인위적으로 또 현존하는 용적률 제도를 상회하는 수준으로 공급할 경우 향후 인구 감소와 성장률의 구조적 둔화에 따른 적절한 주택 수급의 균형이 맞는지 논의해야 함에도 그 내용이 쏙 빠져버렸다. 제3차 주택 중장기 종합수급계획이 2023년에 발표되지 않은 것이 가장 큰 원인인데, 지금도 여전히 소식이 없다. 이 말은 현재 우리나라 주택 공급 목표가 없다는 것과 같다.

물론 내부적으론 운영하고 있을 것으로 생각되지만, 외부로터 견제를 일절 받지 않겠다는 것인지 적절한 주택 수요에 대한 공표도 없이 미래의 주택공급계획을 진행하고 있다.

주택시장이 6천조 원이 넘는 거대 자산 시장이고, 한국인들의 노후가 부동산에 모두 쏠려 있는 상황에서 주택 수를 거의 2,700만 호 이상 급증시킬 대책을 내놓는 것이 과연 정상일까? 1990년대 일본의 부동산이 대폭락하는 과정에서 경기를 살리기 위해서 주택 건설 및 토목 건설을 촉진하는 정책을 쓰다가 이후 사회 기반 시설 유지 비용 등에 막대한 돈을 쓰면서 재정 부담을 떠안게 된 것이 1990년대 말이었다. 이때 일본 경제는 치명타를 입었다. 반면교사 삼아 우리도 적절한 수급계획 속에서 여러 정책을 논의해야 하나 현재는 그러지 못하고 있다. 이에 대해 국회에서 적절히 입법을 추진해야 하지만, 관련 전문가가 없는 상황에서 한국을 주택 공급의 과잉으로 이끌 정책을 내놓고 있다. 주택 공급의 과잉 시대가 멀지 않았다. 이러한 국가 정책 방향이 과연 성장률이 정점을 찍고 내려가는 나라에서 올바른 것인지 묻지 않을 수 없다.

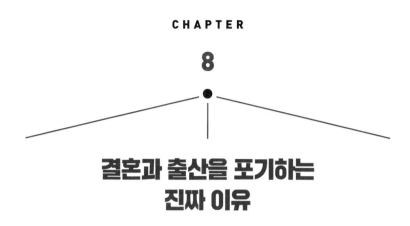

# 결혼과 출산을 포기하는
# 진짜 이유

청년층이 결혼과 출산을 하지 않는 것이 단순히 집값이 비싸기 때문이라고 생각하는가? 많은 사람이 그렇게 오해를 한다. 여러 연구에서 유사한 결론이 나오기도 하니 근거가 있다고 볼 수도 있다. 하지만 쉽게 반론을 떠올릴 수 있다. 예를 들어 북미나 유럽의 여러 선진국 대도시권 주택가격은 한국 이상으로 비싼 편이다. 하지만 그런 나라에서 우리만큼 청년들이 결혼과 출산을 피하는 현상은 찾아보기 힘들다. 즉 다른 나라와 비교해보면 집값 상승이 유일한 원인이라고 단정하기는 어렵다는 것을 알 수 있다. 물론 주택가격이 영향을 미치는 것은 맞다. 앞서 살펴본 것처럼 주택가격과 출산율은 반비례 관계다. 그러나 출산율 하락에는 다양한 원인이 있다. 주택가격이 높은 비중을 차지하는 원인이라는 생각 자체가 저출산 해소에 도움이 되지 않는 접근 방식이다. 사실 주택가격 역시 과밀한 수도권 집중 그 자체가 만들어내는 다양한 역효과 중 하나이다. 즉, 과도하게 높은 주택가격과 낮은 출산율은 원인과 결과의 관계가 아니라, 어쩌면 수도권 과밀화가 낳은 결과들로서 비교해보는 것이 더 타당하다.

집값은 다른 원인에 의해 촉발된 일종의 결과물이다. 예컨대 아무 일도 없었는데 갑자기 집값이 오르지는 않는다. 수요나 공급처럼 집값에 상승 압력을 주는 원인이 있을 때 가격이 올라간다. 마찬가지로 결혼과 출산 비율 역시도 독립적으로 움직이지 않는다. 어떤 다른 요인으로 인해 유발되는 결과라고 봐야 한다. 집값도, 결혼과 출산도, 각각 어떤 사회 구조적인 거대한 원인에 따라 파생된 결과물이면서 동시에 영향을 주고받다 보니 복잡할 뿐이다. 마치 한 부모에게서 나온 형제자매처럼 닮은꼴을 보이기는 하겠지만, 어쨌든 별도의 문제로 보는 것이 적절하다. 그렇다면 이러한 다양한 결론들을 만들어내는 근본 원인을 어디서 찾는 게 좋을까? 이런 별개의 결과 사이에 존재하는 공통적인 원인은 도시계획이나 부동산과 관계된 요소가 크게 작용한다. 바로 수도권 집중화다. 세계의 다른 그 어떤 나라에서도 보이지 않는 한국의 기형적인 도시 기능 집중화 현상이야말로 온갖 사회문제를 일으키는 가장 근본적 원인이다.

# 둥지 근처에 먹이가 없다

1960년대부터 진행된 이촌향도 현상은 현재까지도 계속 심화하고 있으며 급기야 지난 2020년에는 수도권 인구가 전국 인구의 50%를 넘어섰다. 수도권 집중은 필연적으로 지방의 인구 유출 문제로 이어진다. 특히 수도권 과밀화가 파생하는 문제들은 결혼과 출산의 직접적인 당사자인 2030세대 가운데 지방에서 성장했는데도 일자리를 찾아서 수도권으로 오는 세대에게 더욱 선명하게 드러난다.

유튜브 〈슈카월드〉의 슈카는 수도권 생태계를 새의 생태계에 비유한다. 일자리가 먹이, 주거가 둥지에 해당한다. 통상 둥지 근처에 먹이가 있으면 좋겠지만, 수도권이 아닌 곳은 둥지 근처에 먹이가 존재하지 않는 문제, 즉 '둥지와 먹이의 이격 문제'가 존재한다. 여기서 직업과 주거가 단일 공간에서 해결되지 않는 직주 분리의 폐해가 발생한다. 이 때문에 지방 젊은이들은 내가 나고 자란 곳에서 직주근접으로 취업하고 결혼하고 자녀를 낳으면서 그 지역 토박이로 대대손손 살 수가 없다. 일단 대학에 입학할 때, 혹은 취업할 때 무조건 수도권 입성에 성공해서 부모의 도움 없이 1인 가구로 외로이 자립하는 과정을 거쳐야 한다. 이렇게 지방에서 수도권으로 이주하는 과정에서 둥지(태어난 곳)와 먹이(자리 잡는 곳)의 괴리가 일차적으로 생긴다. 일단 둥지는 둘째치고 먹이라도 있어야 한다.

# 왜 기업은 지방에 일자리를 만들지 않을까?

한 가지 질문을 던져볼 수 있다. 어째서 기업들은 지방에 일자리를 만들지 않을까? 현재 기업들은 지방에도 얼마든지 일자리를 만들 수 있는데 굳이 수도권에만 일자리를 만든다. 과거에는 지방에도 일자리가 많았던 역사가 있었는데도 말이다. 일반적으로 기업들이 지방에 일자리를 만들지 않는 것은, 구직 수요가 적을 것이라는 우려 때문으로 알려져 있다. 즉, 지방에서는 기업이 선호하는 인재풀이 좁다는 것이다.

민간 기업군이 꺼릴 정도로 인재풀이 좁은 이유는 무엇일까? 사실 기업들이 선호하는 인재상은 그 기업들이 바라는 이상적인 모습과는 다르게, 소위 학교와 외부 활동, 자격 등으로 대표되는 스펙으로 평가되곤 한다. 그리고 이는 지방 대학과 수도권 대학의 학력 차이로 설명되는데, 전자의 학력이 후자 대비 현저히 낮게 평가되는 것이다.

다른 나라는 왜 지방에도 일자리가 많을까? 외국은 지방 소재 대학의 학력과 경쟁력을 유지하기 위해서 해당 지자체가 사실상 온갖 노력을 기울이기 때문이다. 먼저 우리와 종종 비교되지만 1개 주가 1개 국가나 마찬가지인 미국을 살펴보자. 50개 주마다 주립대학이나 시립대학, 즉 국공립대학이 가장 유명한 대학 그룹을 이룬다. 미국은 개별 주 단위가 워낙 커서 이것이 가능했던 걸까? 그렇지 않다. 일본을 보자.

일본 역시 가장 유명한 도쿄대학 외에 학력 순위를 조사하면 일본의 사립대학이 아니라, 일본 국공립대학들이 리그 최상단을 차지한다. 도쿄대학, 교토대학, 오사카대학, 나고야대학, 도호쿠대학, 규슈대학, 홋카이도대학, 고베대학, 요코하마국립대학 등 이름에 지역명이 들어간 것으로 알 수 있듯이 이런 국공립대학들이 압도적 경쟁력을 자랑한다. 물론 게이오대학, 와세다대학 등 사립대학도 있지만, 이들 대학보다도 더욱 입학 순위가 높은 것이 국공립대학이다. 전반적으로 국공립대학의 경쟁력이 사립대학보다 더 높다고 해도 과언이 아니다.

## 대학 경쟁력과 지방 소멸의 관계

우리나라는 어떨까? 우리는 위 나라들과 매우 다르다. 서울대학교와 서울 소재 대학이라는 범주가 순위표의 최상단에 있다. 소위 서울 소재 대학, 즉 인서울 대학이라는 완전히 새로운 그룹으로 묶인다. 미국으로 치면 '인캘리포니아대학', 혹은 '인도쿄대학'이라는 생경한 명칭이 된다. 이제 '서울'과 '인서울'이냐의 구분이 더 중요한 시대가 되어버렸다.

우리가 처음부터 이랬던 것은 아니다. 과거에는 국공립대학들이 상당한 입학 경쟁력을 보유했지만, 현재는 대학마저도 이런 국공립대학이 아니라 서울에 와야 학력을 인정받는 시대가 되었다. 지방 소멸은 대학교에서부터 시작된 것이다.

해외에서 우리나라만큼 지방 소멸의 이슈가 크지 않은 이유도 여기에 있다. 사실 외국 어디를 가더라도 지방 소멸 논란이 전혀 없는 나라는 없다. 그러나 그 규모나 속도가 우리보다 빠른 나라는 없다. 그리고 우리처럼 근본부터 무너진 나라도 거의 드물다. 외국이 수도권 등 대도시 과밀화라는 과정을 거치면서도 반대로 지방 경제가 유지되는 이유는 청년 교육부터 시작하는 인재 경쟁력에 있다. 지방자치단체들도 이를 잘 알고 있기에 학교 수준을 유지하는 데 최선을 다한다. 미국은 청년층이 태어나고 자란 곳을 떠나지 않고 생애주기를 유지할 수 있도록 각 주의 국공립대학을 세계적인 경쟁력을 갖춘 명문대학으로 자리매김하게 돕고, 그 명문대학에 엄청난 보상을 주면서 인재를 묶어놓는다. 그러면 자연히 기업들은 지방의 인재를 잡기 위해서 각 주의 특성에 걸맞은 일자리를 만들 수밖에 없다.

일본도 마찬가지다. 물론 일본도 점차 심화하는 지방 소멸과 도농 격차로 골머리를 앓고 있다. 하지만 한국과는 '정도의 차이'가 분명히 있다. 아직 지방 대학, 특히 국립대학들의 경쟁력을 상당한 수준으로 유지함으로써 문제의 심각성을 상당 부분 완화하고 있다.

우리나라 지방 국공립대학들의 경쟁력은 언제 사라졌을까? 과거에는 부산대, 경북대, 전남대, 전북대, 충북대 등이 지방 거점 국립대학으로서 상당한 경쟁력을 자랑했지만, 지금은 그렇지 않다. 이 역시 뒤에 나오는 교육 편에서 살펴보겠지만, 대학 설립 준칙을 통해서 자유롭게 설립된 대학교들이 방만하게 운영되는 과정에서 지방 권역의 학력이 동반 하락한 영향이 크다. 대학의 과잉공급과 관리 부재가 대학교육의 부실로 이어졌다.

## 기형적 도시구조가 출퇴근에 미치는 영향

부동산 문제는 출산율에 지대한 영향을 미친다. 그런데 이는 부동산 가격만을 의미하지 않는다. 한국 부동산 시장의 기형적인 도시구조가 그 본질이다. 일자리의 서울 쏠림 극대화가 수도권의 기형적 도시구조의 시작이다.

전국 일자리 가운데 화이트칼라 일자리는 서울에 얼마나 있을까? 업무환경을 위해선 업무공간이 필요하므로, 업무공간의 비율을 통해서 일자리 비중을 확인할 수 있다. 전국 업무시설의 총면적은 1억 2천만 제곱미터다. 이 중에서 서울에만 약 5,300만 제곱미터가 집중되어 있다. 말하자면 서울이라는 한정된 공간에 한국의 전체 사무직 일자리 45%가 밀집해 있는 것이다.

서울에 일자리가 밀집되어 있다고 해도 주택 역시 많으면 크게 상관이 없을 수 있다. 하지만 서울시는 서울의 일자리 전체를 감당하는 주택용지를 제공하지 못하고 있다. 그래서 자연스럽게 수도권에서 서울로 통근통학하는 형태로 도시구조가 설계된다. 오늘날에도 매일 170만 명이 넘는 경기도민이 서울로 통근통학을 하고 있다. 이는 서울시 통근통학자 580만 명의 약 3분의 1 수준에 해당하는 어마어마한 규모다. 그리고 전 세계적으로 이러한 기형적 통근통학을 반복하는 도시구조는 어디서도 찾아보기 힘들다. 이러한 기형적 도시구조로 인해 대한민국의 평균 통근통학 시간은 OECD 국가 중에서 꼴찌를 기록하고 있다.

서울은 심지어 주거 면적도 좁다. 서울의 1인당 주거 면적은 30제곱미터 수준으로 전국 평균 33제곱미터보다 한 평(3.3제곱미터)이 더 적다. 이는 전국 최하위 주거 면적이다. 인구 천 명당 주택 수 역시 열악한 수준이다. 이 때문에 서울에 밀집한 업무공간으로 통근해야 하는 직장인 상당수가 경기도에 살면서 지하철과 광역버스, 자가용 등으로 서울까지 긴 시간을 써가며 출퇴근하고 있다. 주거 공급 수준에서도 서울은 경기도에 이어 아래에서부터 순위를 세는 게 더 빠르다.

통근통학하는 데 시간이 오래 걸리는 것은 삶의 질을 끌어내린다. 2017년 잡코리아에서 실시한 설문조사에 따르면 우리나라 직장인 평균 출퇴근 시간은 101.1분으로 나온다. 긴 통근시간은 건강을 해친다. 미국 코넬대학이 실시한 연구에서는 장거리 출근자에게서 스트레스 호르몬인 코르티솔 수치가 더 높게 나왔다. 이 호르몬이 장기간 쌓이면 만성 피로로 이어질 수 있다고 경고했다.

좁은 수도권에 옹기종기 몰려 살고 있지만 실질적으로 주거지와 일터의 거리를 따져보면 다들 멀리 사는 셈이다. 먹이와 둥지의 일차적 괴리가 지방(태어난 곳)에서 수도권(취업한 곳)으로 이주하는 것이라면, 먹이와 둥지의 이차적 괴리는 수도권(집)에서 서울(직장)로의 통근통학 부담이라 할 수 있다. 서울·수도권 출신의 청년들에게는 그래도 먹이와 둥지의 이차적 괴리 문제만 있지만, 지방 출신의 청년들에게는 1차, 2차 문제가 복합적으로 작용한다. 그야말로 삶의 난이도가 급증하는 것이다.

## GTX 교통망이 해결해줄까?

여기저기 수도권광역급행철도(GTX) 건설이 한창이다. 교통 인프라를 개선하면 문제가 해결될까? 안타깝지만 교통 인프라가 개선되어도 문제는 해결되지 않을 수 있다. 지난 모든 정부를 비롯해 지금까지 지속해서 교통 인프라를 확충해왔지만, 통근통학 시간은 여전히 OECD 꼴찌를 유지하는 중이고 나아질 가능성 역시 커 보이지 않는다. 현시점에서 수도권에 획기적 변화를 가져오리라 기대되는 것이 GTX다. GTX를 통해서 수도권 광역의 서울 접근성이 개선되리라는 기대가 높지만 지금까지 그 어떤 교통망도 통근통학 시간을 획기적으로 단축해주지 못했다는 점에 주목해야 한다. 오히려 GTX로 인해 수도권 집중 현상이 더 가중되고 지방 자원이 수도권으로 흡수되는 정도가 더 높아질 것이라는 우려를 무시할 수 없다. 또한 현실 세계에서는 이것이 더 맞는 결론일지 모른다. 우리의 출퇴근 문제가 해결되지 않는 근본 원인은 도시의 공간 구조에 대한 인식이 '기승 전 강남'만을 생각하고 국토교통망이 추진되기 때문이다. 이러한 서울 쏠림 현상은 1990년대에 1기 신도시가, 2010년대에 2기 신도시가 완성되었을 때의 효과와 앞으로 2030년대에 3기 신도시가 완전히 완성되기 시작할 때, 더욱 과밀화될 수도권을 예상해본다면 쉽게 이해될 것이다.

가야 할 목적지에 변화를 주지 않고 교통망만 계속해서 건설하는 것만큼 비효율적인 것도 없다. 애초에 적절한 수준으로 분산되어 있다면, 굳이 복잡다단한 교통망 없이도 합리적인 배치가 가능했을 것이다. 그러나 수도권을 더 키우고(신도시를 건설해서) 인구가 너무 밀집하면 교통망으로 일부 해소하는 행태를 반복한다면 이 문제는 끝날 수 없다. 교통 인프라를 개선하지 않으면 통근 지옥이고, 교통 인프라를 개선해도 그만큼 지방의 자원이 수도권으로 더 빨려들면서 더 과밀해지는 무한 루프에 빠질 수밖에 없다.

근본적으로 우리나라 수도권의 기능은 현재 비효율적·비경제적이다. GRDP(지역총생산량)와 같은 경제적 성과만 보면 상당한 효율성을 자랑하지만, 지속 가능하지 않은 도시구조인데 경제 성과가 좋다는 평가 자체가 애초에 모순이다. 한마디로 마라톤에서 앞부분 10킬로미터의 구간만 보면서 세계 1등이라고 자화자찬하는 꼴일 수 있다. 나중에 그 선수가 결승점에 도달하지 못할 수도 있는데 말이다. 그리고 수십 년 후 지방이 소멸할 수 있는 위험을 GRDP가 매년 측정도 못 한다면 이것이 제대로 된 지표일까? 즉, 서울과 수도권의 도시구조는 기본적으로 임계치를 넘긴 수준부터는 도시설계의 방향성이 잘못되었다고 평가할 수 있다. 수도권 중심의 도시설계 집중이 과도해진 결과, 먹이와 둥지의 문제가 수습할 수 없는 지경으로 가고 있으며 해결방안도 제한적일 수밖에 없다. 이렇게 수도권에 50% 넘는 인구가 몰려 살면서 서울 한곳을 중심으로 출퇴근이 집중되는 국가는 전 세계 어디에도 없다.

## 높은 주택가격이 문제다?

수도권 과밀은 서울을 높은 주택가격으로 이끈다. 주택가격이 높으면 경제적으로 혹은 도시적으로 건강해질까? 이것도 적절한 수준까지 특정 시점을 넘어서면 특이점이 나타나고 도시가 황폐해진다. 얼마 전 출간된 도시경제학자 리처드 플로리다Richard Florida의 저서《도시는 왜 불평등한가》에 이런 내용이 나온다. 미국에서 고도로 성장한 대형 도시는 주거비가 너무 많이 들어서 이를 감당할 수 있는 고소득 계층만이 도시에 주거할 수 있으며, 나머지 서비스 관련 직군이나 일반 사무직군에 해당하는 계층 혹은 젊은 층들은 막대한 주거비를 감당할 수가 없어서 도시에서 퇴출당한다. 그러면서

도시에 이들이 담당하던 '기능'들이 사라지며, 궁극에는 고가의 주거비를 낼 수 있는 사람조차도 도시의 기능 소멸로 온전하게 살아가지 못하면서 전체 도시가 공실화하는 과정을 설명한다. 리처드 플로리다는 미국을 보면서 한 이야기지만 실제로는 우리나라에서 더 두드러지게 나타나는 사회문제일 수 있다.

먹이와 둥지의 과도한 이격으로 생활해야 하는 수도권의 청년과 직장인들은 만성적으로 시간 부족과 장거리 이동에 따른 피곤을 달고 산다. 하루가 굉장히 빡빡하게 돌아가는 생활을 하며 매우 효율화된 스케줄대로 업무를 처리할 수밖에 없다. 분 단위의 이동 동선 속에서 생활하는데 언제 어디서 사람을 만나고 연애나 결혼할 짬이 나겠는가.

왜 결혼과 출산을 하지 않느냐고 물었을 때 성별 불문하고 집값이 비싸서라는 답변이 1위는 아니다. 대체로 가치관이 바뀌었다거나 "요즘에는 혼인이나 출산하는 게 나한테 유리하지 않은 것 같다"라고 답한다. 지나친 페미니즘이 원인이라는 주장 또한 2030 남성들로부터 지속해서 제기된다. 결혼 적령기의 성인 남성이 가진 이러한 생각을 담은 댓글은 지금 내 유튜브 채널에도 한가득 있다. 여기에 대해 더 자세히 이야기한다고 해도 그 생각에 사로잡힌 사람을 설득할 수는 없겠지만, 설사 오해를 푼다고 해서 결혼율이 올라갈 리도 만무하다. 사람은 사회로부터 영향을 받는다. 어른이라 함은 스스로 먹고살 경제적 자립 상태가 된 것을 의미한다. 부모로부터 온전히 경제적·심리적 의존관계를 벗어나는 것을 말한다. 혼인은 나의 '가족'이 부모와 내가 아니라, 이제 배우자와 내가 되는 것으로 이러한 독립에 필요한 것이 경제적 능력이다. 실제 많은 조사에서 결국 혼인과 출산이 본인의 삶에 경제적으로 도움이 되지 않을 것 같다는 내용의 다양한 답변이 존재한다. 한마디로 '경제문제'가 상당한 비중을 차지한다는 얘기다.

이 문제가 단지 '집값이 내려가면 해결'되겠는가. 경제라는 것은 단기 요인도 있으나 매우 장기간에 걸친 요인이 있다. 주택가격뿐 아니라 자기 인생 전체를 아우르는 생애주기의 경제적 관점에서 보자면 경제 요인이란 연애, 결혼, 출산, 육아, 근로, 노후 등을 총망라하는 개념이므로, 상당히 광범위한 주제다. 이런 경제적 위기감을 해소하면서 연애하고 혼인까지 하겠다는 것 자체가 지금의 젊은 층에게 매우 어려운 일이 되고 있다. 상황이 이러한데 시간조차 부족하다. 과도한 근로시간과 수도권 통근통학 시간이 차지하는 비중이 커서 다른 데 눈 돌릴 틈이 없다.

이게 끝이 아니다. 이렇게 시간 부족과 가치관의 변화 등 험난한 난관을 뚫고 연애하고 결혼하려는 커플에게 유교적 삶의 기준까지 들이민다. 결혼하지 않고 낳은 자식을 미혼부(모) 자녀라고 부르듯이 '혼인'이 자녀보다 더 앞에 있는 셈이다. 자녀가 중요하다면 미혼이든 기혼이든 무슨 상관이란 말인가. 게다가 출산 단계에 들어가면 그때는 다른 차원의 어려움이 기다린다. 아이를 키워낸 사람들은 공감하겠지만 육아는 정말 손이 많이 가는 일이다. 특히 영유아들은 더더욱 그렇다. 보육서비스가 필요한데, 우리는 아직 어린이집이나 유치원 같은 영유아를 위한 시설 지원이 충분치 않은 상황이다. 양가의 조부모를 통해서 보육서비스를 대신 해결하는 경우가 많다. 여기서 또다시 지방-수도권의 먹이-둥지 문제가 개입한다. 그나마 수도권에 부모가 거주하는 수도권 출생 가구와 달리, 대부분의 지방 출신 부부들은 수도권에서 일하며 터전을 꾸리면서 부모님은 고향에 있는 상태이다 보니 문제가 복잡해진다. 이들에게는 사실상 조부모의 육아 도움은 불가능에 가깝다.

## 초점을 한참 벗어난 정책들

다시 원점으로 돌아가서 만약 지방에 일자리가 있다면? 지방 대학 경쟁력을 유지해 학교가 좋은 평가를 받고 기업에서 지방 인재를 유치하기 위해 지방에 법인을 설립한다면? 그렇다면 통근통학으로 시달릴 일도 없고, 먹이와 둥지 간의 괴리도 줄어들 것이며, 결혼과 출산 후 육아하는 과정에서 조부모의 도움을 받을 수도 있을 것이다.

그런데 우리나라는 이 모두가 허물어졌다. 그런 과정을 밟을 수가 없다. 억지로 수도권에 모여 살도록 한 수도권 과밀 시스템의 거대한 그림자다. 여기에 보육과 관련해서 보조금을 주면 해결할 수 있다는 것은 현실을 반만 아는 소리다. 실상 육아에서 중요한 것은 돈보다도 서비스다. 금전 문제 이전에 아이를 돌봐줄 사람의 손 하나가 시급하다. 아이 체온이 40도가 넘었다고 어린이집에서 연락이 와서 병원을 가야 하는데, 부부 모두 맞벌이로 직장에 있다면 보조금 100만 원이 무슨 의미가 있단 말인가? 지금 당장 필요한 것은 60주 이상의 육아휴직을 통해서 아이들을 교차로 24개월 이상까지 키울 수 있는 여유와 그 시간을 견디는 데 부족하지 않은 소득, 또 그 이후에는 조부모나 주변 육아서비스를 충분히 이용할 수 있는 보육지원제도이다. 그런데도 현재 국가의 출산 관련 정책은 대체로 금전적인 부분에 초점이 맞춰져 있다. 보조금은 쓸모없다는 말이 아니다. 현재의 육아는 사회 구조적으로 부양받지 못하고 있다. 당장 아이가 열병을 앓고 있는 상황에서는 돈이 있더라도 사람을 구하기가 힘들다. 모두가 바쁘기 때문이다. 보육과 관련한 필수 서비스가 절실한 만큼 애초 문제와 해법이 따로 놀고 있다. 출산율 제고를 위해서는 부모가 아이 때문에 희생하지 않아도 되는, 안정적인 보육 여건이 조성되어야 한다.

부동산은 우리 사회 깊숙한 부분에 걸쳐 점점 눈에 보이지 않는 부작용을 양산하고 있다. 이를 '부동산 가치 상승'이라고 부르며 눈에 보이는 주택가격에만 혈안이 되어 마치 자연스러운 발전 과정으로 여기고, 이를 무한히 촉진하는 정책을 쓰는 동안 한국 경제의 기저는 잠식되어 무너지기 직전이다.

건축물들이 아주 조밀하게 모인 서울·수도권이라는 공간이 알게 모르게 우리의 정신 상태를 지배하면서 강퍅하고 삭막한 방향으로 삶의 질을 떨어뜨리고 있다. 그래서 이 문제는 단순히 도시경제학적 관점을 아득히 넘어서는 곳에 있다. 경제성장기 초반에는 서울 중심의 성장이 우리나라에 굉장히 필요했지만, 지금은 지방이 소멸할 수준을 넘어 인구가 태어나지 않는 지경에 이르렀다. 이제는 패러다임을 바꿀 때가 됐다. 수도권 과밀의 그림자가 더 커지기 전에 바로잡아야 한다.

# 저출산 해결은
# 가능한가

2022년 한국의 합계출산율 0.78명은 충격적인 수치였다. 이는 과거와 비교하면 좀 더 피부에 와닿는다. 1970년대생을 기준으로 놓고 보면, 1970년대 초만 해도 한 해에 100만 명 넘는 인원이 태어났으며, 1970년대 후반에도 연간 80만 명 수준을 유지했다. 그래서 이들이 수능을 치르던 1990년대에는 수험생 100만, 120만 같은 표현이 당연했다. 그런데 현재의 출생아 수는 30만 명을 밑돌더니 24만 명까지 내려왔다. 1970년대와 비교하면 매년 태어나는 인구가 4분의 1토막이 났다.

인구학적으로 합계출산율이 2.1명 이하일 경우, '수명이 연장되지 않는 이상' 국가의 총인구는 감소하게 되어 있다. 쉽게 말해 부부 2명이 만나서 2명의 자식을 낳아야 세대 간 인구수가 비슷하게 유지되면서 인구 피라미드가 유지될 수 있다. 1970년대 이후 급격히 출산율이 내려가면서 1980년대 초반에 합계출산율 2.1명을 밑도는 수준으로 내려가 저출산 경향이 분명해졌다. 심지어 이러한 추세는 더욱 가팔라지고 있다. 합계출산율이 내려가는 현재의 기울기와 속도를 보면 인구 피라미드상으로 지속 가능할 수 없는 수준의 초고령화가 발생할 것은 분명하다.

고령화, 초고령화와 인구 감소가 나타난다는 사실은 불을 보듯 뻔한 미래여서 이제 출산율은 우리 사회 구성원 모두의 걱정거리가 되었다. 그런데도 한편으로 간과하는 문제점이 있다. 천신만고 끝에 출산율을 개선한다고 해서 우리 사회의 상황이 호전되지 않으며 오히려 새로운 문제가 대두될 수 있다는 것이다. 이게 무슨 말일까?

## 영유아는 생산가능인구가 아니다

출산율을 개선해야 한다는 논리의 핵심은 간단하다. 이대로는 고령화율 증가로 생산가능인구 대비 피부양 인구(노인)가 많아져서 경제적 사회 구조가 붕괴할 테니 출산율을 올려서 생산가능인구를 늘리고 앞으로 늘어나는 노인 피부양 인구를 미래 세대가 감당할 수 있도록 해야 한다는 것이다. 여기서 생산가능인구는 경제활동을 할 수 있는 만 15~64세의 인구를 말하며, 피부양 인구는 만 0~14

세와 만 65세 이상 인구를 말한다.

출산율을 개선하면 된다고 주장하는 많은 사람이 놓치는 문제가 이 부분에서 발생한다. 출산을 통해 태어나는 영유아도 실은 일정 기간은 피부양 인구라는 사실이다. 즉, 피부양 인구인 노인들을 부양하기 위해서 장기적으로 출생아 수가 많아져야 한다고 생각하기 쉽지만, 이것은 결과만 놓고 봤을 때 그렇다는 것이지, 그 과정에는 정반대 현상이 생긴다. 중단기적으로 보면 아동이나 노인이나 생산가능인구의 부양 부담이 발생하는 것은 똑같기 때문이다. 다시 말해 출산율을 당장 2명으로 높인다 하더라도 동시에 생산가능인구가 곧장 늘어나는 것은 아니다.

그러면 지금 태어나는 이 아이들은 언제 생산가능인구가 될까? 앞서 생산가능인구는 만 15~64세까지라고 했다. 과거에는 만 15세 정도, 즉 중학교 3학년 내지 고등학교 1학년 정도의 나이라면 경제활동을 하는 경우가 제법 있어서 이런 기준이 설정됐지만, 오늘날에는 소수 드문 사례를 제외하면 15세에서 본격적인 경제활동을 하는 실제 사례는 거의 없다. 청소년기의 인구는 통계상으로 생산가능인구로 분류되지만, 실질적으로는 피부양 인구로 보는 것이 타당하다. 현재 태어나는 신생아들이 실질적으로 언제부터 생산적인 부양 계층이 될 수 있는지를 보려면 생산가능인구가 아니라 실제 경제활동 양태를 봐야 한다. 이것을 간단히 살펴보기 좋은 지표가 통계청에서 발표하는 국민이전계정이다. 국민이전계정이란 저출산과 고령화 현상이 심화하는 인구 구조의 변화를 반영하여 연령대별 경제적 자원 배분의 흐름을 보여주는 것이다. 개인의 전 생애를 통해 노동소득과 소비의 차이로 발생하는 생애주기별 적자와 흑자 분포를 파악할 수 있다.

**국민이전계정(생애주기 흑자와 적자)**

단위: 천 원, 2021년 기준

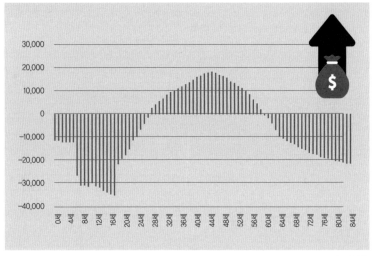

자료: 통계청

위 그림을 보면 한국인은 만 나이로 27세까지는 버는 돈보다 쓰는 돈이 더 많다. 그리고 한 30년 정도 흑자를 내다가 만 나이 61세부터는 또 적자가 발생한다. 다소 거칠게 평균 수명을 90세로 본다면 앞 30년은 적자, 중간 30년은 흑자, 뒤 30년은 다시 적자가 된다는 의미다. 즉, 전체 인생에서 흑자 구간의 비중은 겨우 3분의 1 구간뿐이다. 나머지 앞뒤 구간은 모두 적자 구간이고, 이는 곧 피부양 인구라는 의미다. 이렇게 서른 살부터 비로소 생산계층으로서 제구실을 시작해서 40내 초중반 스음에 인생 정점을 찍다가 점차 소득이 하락하면서 65세 이후로는 다시 피부양계층이 되는 게 우리의 생애주기다. 그래서 은퇴하기 한참 전부터 자산을 축적하기 위해 자가를 마련하려고 애쓰는 사람이 많을 수밖에 없다.

여기에 이중부양의 덫까지 우리의 발목을 잡는다. 위로는 부모, 아래로는 자식을 부양해야 하는 것이다. 앞서 이야기했듯이 이중부양의 부담 속에서 50대 이전에 자산 축적에 실패하면 생애주기 적자를 감당할 수 없으므로, 먹고살기 위해서라도 부동산에 열을 올릴 수밖에 없는 구조인 것이다.

우리가 생산계층의 시작점을 15세부터 잡지만 오히려 현실에서는 그 15~16세 구간이 가계 경제에서 가장 돈을 많이 지출해야 하는 시기다. 이때 입시 경쟁을 위한 사교육비 지출이 폭증하기 때문이다. 그래서 생애주기 곡선을 다시 제대로 살펴보면 60세 이후의 적자 폭보다 0~30세까지의 적자 폭이 더 크다는 것을 알 수 있다. 다시 말해 아동 청소년은 노인 이상으로 부양 부담을 막중하게 안기는 존재라는 얘기다.

# 출산율이 올라가면 더 힘들어진다

이러한 환경에서 출산율이 증가할 경우 생기는 문제는 분명하다. 30년간 생산은 하지 못하고 소비만 하는 인구가 늘어난다는 것이다. 실제로 중장년층이 이와 관련해 고민이 많다. 많은 중장년층이 70~80대의 부모님과 20~30대의 자녀를 이중으로 부양하고 있는 것이 현실인데, 가계소득은 한정되어 있기 때문이다. 한정된 소득 안에서 부모를 부양하는 비용과 자식을 부양하는 비용은 서로 반비례할 수밖에 없다. 자식들을 대학에 잘 보내기 위해 교육비를 늘리면 부모님을 위한 용돈, 생활비, 의료비 지출은 감소할 수밖에 없다는 얘기다. 이를 달리 말하면 손자 손녀가 많이 태어나면 할아버지 할머니는 노인 빈곤을 겪게 될 위험이 커진다는 뜻이다.

현재 청년들 또한 이런 상황을 모르는 게 아니다. 지금 태어나는 아이들이 30세가 될 때까지는 부모가 계속해서 지원해줘야 한다는 사실을 본인들이 이미 체험했으므로 모를 수가 없다. 따라서 현재 출산을 고민하는 부부의 입장에서 생각해보면 기본적으로 자녀가 서른 살이 될 때까지 내가 지원하며 버틸 수 있을지를 고민할 테고, 이러한 고민이 출산을 꺼리게 만드는 경제적 요인으로 작용하고 있다.

그나마 고용이 어느 정도 안정된 국가라면 문제가 적을 것이다. 노년기까지 소득을 유지하면서 자식뿐만 아니라 손자 손녀까지 부양하는 것도 가능하다. 하지만 최근 경향은 그 반대다. 30세가 되어서야 겨우 취업했는데 50세 즈음 되면 퇴직해야 하는 경우가 많다. 생애주기에서 돈을 벌 수 있는 기간이 아주 짧아진 셋이다. 인생 전체에서 현금흐름 곡선이 굉장히 큰 폭의 적자를 기록하다가 30~40대에 잠깐 흑자로 돌아섰다가 다시 감당할 수 없는 마이너스로 내려가는 구조가 된다. 이렇게 보면 아이를 낳을 수 있는 여유 기간은 정말이지 니무나 짧다. 30~40내에 바싹 보아서 50대가 되기 전에는 내 집 한 채를 마련해야 노후 대비가 간신히 되는데, 15~20년 정도 되는 기간에 아이까지 낳아 키우는 건 굉장히 큰 부담이다. 이런 이유로 출산율을 높여서 아이를 많이 낳으면 미래 노년층을 부양할 생산계층이 될 것이라는 생각은 사실 비현실적인 낙관론일 수 있다. 그리고 아이를 낳기로 선택하는 순간 막중한 부양 부담이 발생한다는 것을 부모로서 생각하지 않을 수 없다 보니, 자연스럽게 출산을 꺼리게 되고 오늘날과 같은 저출산으로 이어진 것이다.

안타깝지만 지금 시점에서 출산율 제고라는 것은 사실 큰 의미가 없다. 아이가 태어났을 때 이를 감당할 만한 가구 소득 증가, 그리고 아이를 보육할 서비스와 인력의 증가가 뒷받침되지 않는 한, 출산율 증가는 오히려 재앙일 수 있으며 애초에 비현실적이다. 즉, 우리는 어느새 출산율이 더 이상 떨어져도 안 되지만 반대로 올라가도 안 되는 그야말로 딜레마에 빠져 있다.

# 저출산으로 부자가 된 한국

실은 '출산율이 올라가면 재앙이다'라는 인식은 과거에도 있던 생각이다. 1970~1980년대 한국의 인구 정책은 이런 관점에서 시행되었다. 당시에 저출산을 장려하는 정책을 편 이유는 경제성장 때문이다. 한창 산업화가 성숙하는 중이던 한국이 좀 더 빠르게 성장하려면 피부양 인구인 아동을 가능한 한 줄여야 한다는 사회적 합의가 있었다.

집에 어린이가 너무 많으면 국부를 쌓을 수가 없다는 것으로, 너무 많은 출산을 낭비로 간주하면서 산아제한 정책을 시행했다. 이를 가장 잘 드러내는 구호가 "덮어놓고 낳다 보면 거지꼴을 못 면한다"였다. 자식을 많이 낳을수록 거지가 되니까 낳지 말라는 직접적인 메시지였다. "아들딸 구별 말고 둘만 낳아 잘 기르자", "둘도 많다" 등은 그래도 순한 맛이었다. 이러한 전 국가적 움직임 덕분에 1950년대에서 1960년대까지 5~6명에 달하던 합계출산율은 1970년대를 넘어가면서 4명, 3명 선으로 감소하고, 1980년대에는 위에서 언급한 것처럼 대체출산율인 2.1명 미만으로 내려가게 된다.

출산율을 제고하기 위해서 2024년에 신생아특례론을 실시한 것처럼, 과거에는 정반대로 부동산 정책을 이용해서 출산율을 조정했다. 당시의 저출산 정책을 정부가 얼마나 적극적으로 시행했는지를 짐작게 하는 사례로, 반포 주공아파트가 있다. 당시 반포 주공아파트 청약에서 특별공급을 받으려면 남편이 정관 수술을 해야 했다. 다시 말해 애를 낳지 않는 대가로 아파트를 분양해준 것이다. 가족 숫자가 얼마나 많은지로 우열이 갈리는 현재의 청약 경쟁을 생각하면 격세지감이 느껴진다.

과거 우리나라는 어린이들이 국가 경제에 부담을 끼치는 피부양 인구이므로 줄여야 한다는 관점에 따라 철저한 저출산 정책을 고수했다. 당시 국가적으로 저출산을 강요하다 보니 임신중절률도 크게 늘었다. 1980년대 당시 기혼 여성의 중절 경험률이 60%를 넘길 정도였다. 이때의 세대가 지금 1940~1950년생 여성들인데, 이들 중 셋 가운데 둘은 가족 계획상 이유로 중절수술을 경험했다는 뜻이다.

현재의 1980~1990년생들은 이런 산아제한 정책과 임신중절 수술이 한창 절정에 달한 시절에 태어난 이들이다. 2024년 기준 40세가 1985년생이고, 30세가 1995년생인데, 이들은 저출산으로 인해 이전 세대에 비해 적은 형제자매 수를 갖게 된 반면, 부모님을 비롯한 삼촌, 이모, 고모의 숫자는 대단히 많다. 거기다 국민 경제는 계속 성장할 수 있었기 때문에 과거와 비교해서 어마어마한 교육적 지원이 이 세대에게 집중될 수 있었다. 비단 대학 교육이나 사교육뿐만 아니라 컴퓨터, 인터넷, 휴대폰을 어린 시절부터 향유하면서 높은 수준의 디지털 지식을 조기에 학습할 수 있었다. 부모와 달리 세련된 문화를 어릴 때부터 엄청나게 누릴 수 있었고, 교육적으로는 대학 졸업장이 기본이 되었다. 이러한 교육적·경제적 혜택도 결국 저출산에서 기인한 것이었다.

저출산을 통해 최초로 풍요를 경험하고 고도성장의 과실을 누린 첫 세대가 현재의 1980~1990년대생이라고 할 수 있다. 우리는 이들을 MZ세대라고 부른다. 부모인 베이비붐 세대(1955~1970)가 기본적으로 4~5명의 형제자매와 한정된 집안의 소득을 나눠 써야 했던 것과 비교하면 완전히 다른 환경에서 나고 자랐다. 한편으로 이 때문에 부모 세대와 심리적·문화적 간극이 가장 큰 세대이기도 하다.

요약하면, 한국은 저출산을 통해 아동 청소년 인구를 줄여서 경제성장을 이뤘고, 동시에 질 좋은 교육을 받은 새 세대를 길러낼 수 있었다. 이전의 농경사회에서 인구의 양이 중요했던 것과 달리, 1970~1980년대부터는 인재의 질을 선택한 것이다. 이렇듯 돌이켜 보면 출산(영유아)이 곧 비용인 건 경험적으로 다들 알고 있던 사실이었다. 우리나라 경제성장의 역사는 출산율을 낮춰가며 도달했다고 봐도 무리가 아니다.

## 교육받은 똑똑한 청년층의 역설

현재의 청년층이 저출산 정책의 혜택만 받은 것은 아니다. 한국에서 구직자들이 선호하는 일자리는 소위 화이트칼라 직군이다. 키워드로 살펴보면 대졸/화이트칼라/대기업/사무직/수도권으로 요약할 수 있다. 이를 노동시장에서는 프라이머리 마켓primary market이라고 해서 1차 노동시장으로 간주하는데, 이 1차 노동시장은 전체 노동 인구의 불과 10% 정도만을 수용한다. 나머지 90%는 2차 노동시장, 세컨더리 마켓secondary market으로 가야 한다.

바로 여기에 청년 실업 문제의 본질이 있다. 위에서 언급했듯이 현재의 청년층은 이전 세대와 비교하면 대단히 수준 높은 교육을 받은 계층이다. 대졸이 기본이고, 디지털 사무를 처리하는 것도 이미 초·중·고 단계에서 PC를 직접 다루면서 숙련된 상태다. 대부분 대기업에서 사무를 처리해도 손색이 없을 정도로 상향 평준화되어 있다.

이렇게 다들 고학력인 데다가 교육 수준이 높다 보니 취업 목표는 1차 노동시장 진입이다. 그래야 지금까지 본인이 투자한 교육비와 시간 등 공부하는 데 들어간 인생 비용에 걸맞은 보상을 얻을 수 있으니까 말이다. 중소기업/생산직/지방/블루칼라 같은 키워드가 중첩되는 일자리는 선호도가 급격히 떨어진다. 이러다 보니 노동시장에선 상당한 역설이 발생한다. 1차 노동시장에서는 구직난을 겪으면서 미래를 걱정하는 취준생이 넘쳐나는 반면, 2차 노동시장에 해당하는 중소기업에서는 어마어마한 구인난을 겪고 있다.

말하자면 교육 잘 받고 디지털 IT에 능숙한 유능한 대학생은 넘쳐나는데 정작 그에 걸맞은 일자리는 한정된 상황이다. 화이트칼라 일자리의 공급과 수요에서 큰 격차를 보인다. 그러다 보니 취업 준비를 아무리 열심히 하고 온갖 스펙을 쌓아도 취업은 여전히 어렵다. 남보다 경쟁력 있는 스펙을 쌓기 위해 대학교 졸업장을 받은 이후에도 장시간의 추가 교육 기간과 자격증 습득 기간이 필요해 취업 시기는 자꾸 뒤로 늦춰진다. 그럴수록 나이 때문에 취업은 더 어려워진다.

이렇게 보면 머릿수 많은 베이비붐 세대의 부모가 머릿수 적은 자식들에게 국가가 성장하는 과정에서 얻은 막대한 가계소득을 집중해서 투자했고, 그 결과 똑똑한 자녀를 길러냈는데, 정작 성과는 거두지 못한다고 볼 수 있다. 긴 시계열에서 보면 1980년대의 산아제한 정책이 흐르고 흘러서 의도하지 않은 나비 효과를 불러왔다고 할 수도 있다.

지금의 청년층도 체험적으로 이를 알기 때문에 아이를 낳지 않는 흐름에 편승했다. 부모가 자신에게 30년 가까이 온갖 지원을 다 해줬는데도 상당한 경쟁 압력 속에서 생활해야 하는 자신들은 난관을 돌파할 자신감이 들지 않는다. 투자받은 만큼 그에 들어맞는 현재나 미래를 보여주고 있는지 확신이 없다. 그리고 본인이 결혼하고 아이를 낳는 순간 똑같은 과정을 밟게 될 것도 알고 있다. 부모가 그랬던 것처럼 본인이 30년 동안 아이에게 전폭적인 지원을 해줘야 한다면, 결혼을 선택하고 출산을 결정하는 그 순간부터 생애주기 전체의 현금흐름이 감당 불가한 수준으로 전락할 수 있다고 판단하고 있다.

# 생산 가능 기간을 늘려라

국민이전계정 곡선을 살펴보면 거시적인 해결책의 방향성은 명확하다. 현재 30~60세 사이의 흑자 구간을 25~65세, 20~70세와 같이 더 길게 늘이는 것이다. 즉 개인이 보다 더 빠른 시기에 사회에 진입해서 보다 더 늦은 시기까지 충분히 일하고 퇴직하는 사회 구조를 만들어야 한다. 이렇게 되면 실질적인 생산가능인구가 늘어나면서 부양 계층이 증가하므로, 피부양자들을 부양하는 부담이 지금보다 훨씬 감소한다. 말하자면 성인이 되면서부터는 자기 스스로 돈을 버는 사회를 만들어야 한다.

흔히 아동과 청소년의 부양 부담과 60대 이후 노인의 부양 부담을 서로 정반대 편에 있는 다른 문제라고 보지만, 실은 이 양쪽 끝은 연결되어 있다. 자산 축적은 생애 전체에 걸쳐 복리로 진행되기 때문이다.

특히 연금이 그렇다. 어떤 연금이든지 누적 연한, 즉 오랜 가입 기간이 수익의 핵심이다. 장기간의 세월에 걸쳐 꾸준히 연금을 내면서 안정적으로 복리 이자가 쌓여 눈덩이처럼 굴려야 수령액이 커지는 구조다. 그런데 한국은 사회 진출 시기가 늦다 보니, 그때부터 은퇴할 때까지 충분한 자산을 축적할 수가 없다. 그러니 앞서 설명했듯이 부동산에 매달릴 수밖에 없다.

만약에 취업 준비생의 사회 진출 시기가 지금보다 평균적으로 3

년만 더 이르다면 액면가 소득이 늘어나는 효과에 복리 효과가 추가되기 때문에 생애 소득으로는 거의 1억가량 차이가 나게 된다. 그만큼 생애 전체적으로 보면 여유 저축이 생기는 것이며, 각 개인의 상황에 따라 여유 시간의 증가, 추가적인 교육, 연애, 결혼, 안정적인 경력 설계, 노후 대비 등으로 이어질 수 있다.

20대 초중반에 빠르게 사회에 진출해서 70대까지 걱정 없이 일할 수 있는 구조를 만들어야 한다. 그렇다고 현재의 청년층이나 노년층이 일을 안 하고 게으름을 부리는 것은 아니다. 앞서 언급한 대로 20대들은 취업을 위해서 어마어마한 노력을 하고 있으며, 고령층도 퇴직했다고 해서 일을 안 하는 게 아니라 그때부터 더 힘든 온갖 일자리를 전전하면서 고생을 한다. 하지만 사회가 그들에게 합당한 보수를 주는 일자리를 제공하지 못하기 때문에 소득보다 소비가 많은 적자 구간에 진입하게 된다. 이러한 음의 되먹임negative feedback을 양의 되먹임positive feedback으로 바꿔야만 문제가 해결된다. 이들을 위해 사회가 무대를 만들어줘야 한다. 각각의 필요에 따라 일자리를 찾아주고, 필요하다면 재교육을 언제든지 받을 수 있는 시스템을 갖춰야 한다.

이러한 문제의 해결을 위한 출발점은 교육 부문에서 이루어져야 한다. 모두가 고소득 전문직이나 대기업을 지향하는 사회에서는 결국 다들 장기간 많은 자원을 써가며, 특히 막대한 사교육비를 '군비 경쟁'하듯 소비하면서 오랫동안 경력을 준비할 수밖에 없다. 자연히 취업 연령이 올라가고, 혹여나 취업에 실패하면 매몰비용이 지나치게 커지는 문제가 발생한다. 군비 경쟁이란 결국 상대가 군사비에 투자해서 방위력을 높인 만큼 나 역시 군사비에 투자하지 않으면 생존할 수 없는 상황을 의미한다. 이렇게 과잉군비 경쟁을 해야 하는 사회 구조를 서둘러 바꾸어야 한다.

교육에서 매몰비용이 크다 보니 사회에 진출한 후에 운신의 폭도 좁아진다. 많은 사교육비와 취업 준비 비용을 써가면서 서른 살까지 대기업이나 전문직을 준비해온 이상 다른 길로 방향을 전환하는 선택이 더 어려워지고 본전 생각을 하지 않을 수 없다. 높은 곳만 지향하는 교육이 아니라 성인이 된 이후부터는 실질적으로 직업 시장에 뛰어들어 돈을 벌 수 있는 교육이 중요하다.

## 또 다른 해법, 흑자의 크기를 키워라

다른 해결책은 없을까? 역시 생애주기 소득 곡선에 정답이 있다. 생애주기 전체의 흑자 곡선 높이를 위로 더 올리는 방법인데, 개별 가구가 더 높은 소득을 올릴 기회를 많이 제공해야 한다. 개인이 생애주기에서 돈을 벌 수 있는 기간 자체를 획기적으로 늘릴 수는 없지만, 해당 기간에 돈을 더 많이 벌게 하는 것이다. 우리나라는 이례적으로 청장년 여성 고용률이 낮은 국가다. 20대까지는 그렇게 낮지 않은데 30대부터 뚝뚝 떨어져 30대 후반~40대 초반에 60%

수준까지 낮아진다.

이는 결혼-출산-육아의 단계를 거치면서 원래의 직장을 그만두고 경력 단절이 되는 경우가 많기 때문이다. 그러다가 자녀를 어느 정도 키운 시점인 40대 후반부터 다시 취업률이 올라가는데, 이때의 일자리는 젊었을 때인 15~20년 전 자신이 일하던 곳이 아니며, 보다 저임금 노동인 경우가 흔하다.

우리나라는 현재 성장 잠재력(여성 노동력)을 활용하지 못하고 있다. 이런 상황에서 각 가계의 흑자 폭을 늘리려면 지금 유휴 상태로 있는 여성 인구를 노동시장으로 재흡수해야 한다. 만약 이들의 경력이 단절되지 않는다면 부부 기준으로 맞벌이를 할 수 있어 같은 기간에 더 높은 가계소득을 올릴 수 있다. 그리고 더 높은 소득은 피부양 가족을 부양할 수 있는 재원이 마련된다는 것이므로, 출산율 증가에 따르는 추가적인 피부양 부담을 감당할 수 있다. 물론 이 두 가지 방식을 모두 병행하는 것이 가장 좋은 솔루션이다. 즉, 소득 구간을 앞뒤로 길게 연장하고 소득의 높이를 위로 더 키우는 것이다. 과연 이것이 가능한 해법인지 의문을 제기할 수 있다. 가까운 일본의 경우, 노인 일자리를 만드는 데 노하우를 발휘해 생애주기 소득 곡선을 개선하는 데 성공했다. 공항이나 철도 같은 기반 시설을 실제로 방문해보면 노인의 노동 참여율이 상당하다는 것을 몸으로 느낄 수 있다. 또한 노령 노동인구를 창출하는 다양한 서비스 일자리가 많다. 가령 다이토겐타쿠라든지 레오팔레스 등 임대주택을 대규모로 보유한 임대차 사업체들이 있다. 일본의 노인들 중에는 자신의 주택을 이런 임대차 사업체에 관리를 위탁하고 임차료를 받는데, 이 임대차 거래의 계약 조선으로 본인을 그 집의 청소부로 고용해줄 것을 요구하는 경우가 많다. 즉 집주인으로서 임대소득도 받으면서 동시에 본인이 임차한 집의 청소 인력이 되어 노동소득도 같이 올리는 것이다. 이와 같이 생애주기 전체에서 소득을 올릴 수 있는 여러 아이디어가 시행되고 있다.

두 번째는 결국 출산의 본질적인 주체가 여성이며, 출산이 여성의 신체와 매우 밀접하게 관련된 의사결정이고, 출산에 따르는 위험부담 역시 여성들이 일차적으로 짊어질 수밖에 없는 만큼 여성이 출산에 동의할 수 있는 사회 구조를 만드는 것이 중요하다. 출산하면 경력이 단절되고, 훗날 재취업해봐야 저임금 노동에 시달려야 하는 상황이라면 아이를 낳으라는 말에 설득력이 생길 수 없다. 부부의 관점에서 보더라도 "내가 출산하면 우리 집 가계소득이 낮아져"라는 말을 들었을 때 부담이 되지 않을 남편이 몇이나 있을까? 그렇게 부부가 합의해서 출산을 줄이고, 자녀의 수가 3명에서 2명으로, 2명에서 1명으로, 1명에서 0명으로 줄어가는 과정이 반복되어온 것이 우리의 현실이다.

지금은 할 수 있는 걸 하나씩 해나가야 한다. 그리고 무엇을 할 수 있는지, 무엇을 해야 하는지를 빠르게 결정하려면 정확한 현실 인식이 먼저다. 현실 인식 없이는 누군가는 청년층을, 누군가는 중장년층을, 누군가는 여성을, 누군가는 남성이 문제의 원인이라며 비난의 화살을 돌리는 방식으로 책임을 전가해 문제 해결이 요원해지기 때문이다.

근본적인 사회 변화 없이는 안타깝지만 앞으로 출산율은 점점 더 밑으로 내려가기만 할 것이다. 현재 짓고 있는 주택을 포함해 굉장히 많은 산업 인프라가 전국적 차원에서 공실로 변해가는 처참한 현실이 눈앞에 펼쳐질 것이다. 정책 결정자들은 면밀히 검토하고 조사해 사회적 공감대를 구축하면서 적극적으로 정책을 추진해야 한다. 가시밭길이지만 부단히 나아가지 않으면 우리를 기다리는 건 국가 소멸뿐이다.

**CHAPTER**

# 10

# 교권 붕괴가
# 본격화하다

2023년 7월 서이초등학교 교사의 자살로 인해 교사들의 근무환경이나 교권 침해와 관련된 사안이 집중적으로 보도됐다. 의정부의 호원초등학교에서도 초등교사가 자살하는 사건이 있었는데, 그 내용이 무척 심각했다. 서이초등학교 사건 이후에도 두 달 동안 9명의 교원이 잇따라 자살하며 우리 사회에 거센 충격을 주었다. 여러 매체를 통해 그간 간과되었던 학교 현장의 심각한 상황이 봇물 터지듯이 폭로되면서 교육 시스템 자체에 문제가 있는 건 아닌지 경각심을 불러일으키고 있다.

교권 붕괴는 우리 사회만의 문제가 아니다. 전 세계로 범위를 넓혀보면, 놀랍게도 우리나라는 그래도 다른 국가보다 나은 편에 속한다. 학생 간의 물리적 폭력은 말할 것도 없고, 교사가 학부모나 학생에게 신체적으로 위협을 당한다든지, 민원이나 소송에 시달린다든지 하는 교권 침해 문제는 서구권이 우리보다 더 심하면 심했지 덜하지 않다. 학교폭력 통계를 봐도 한국은 상대적으로 나은 편에 속한다. 그렇다고 우리나라 교육환경에 문제점이 없다는 것은 아니다. 다만 해외 다른 국가들, 이른바 선진국 클럽이라고 하는 국가들이 한국 이상으로 공교육이 무너진 지 오래라는 얘기다. 우리나라는 이제 무너져가는 중인데, 그 속도가 매우 빠른 데다 구체적 양상마저 충격적이어서 우려를 금하지 않을 수 없다.

## 학교폭력과 교권 침해는 나라를 가리지 않는다

2018년 OECD에서 주요국들을 조사한 학교폭력 등에 관한 통계를 발표했다. 학교폭력을 경험한 학생의 비중이 OECD 평균은 22.7%였다. 일본과 북유럽이 적은 반면 러시아, 이슬람 국가들에서는 학교폭력이 많은 것으로 나타났다.

눈에 띄는 건 한국이 OECD 기준 학교 내 학생 간의 폭력과 관련해서는 비교적 안전한 나라라는 사실이다. 그러나 학생 간의 관계가 아닌, 교권에 관해서라면 문제가 달라진다. 교권 붕괴와 학교폭력은 다른 주제다. 교권은 교사에게 발생하는 일이며, 매우 다양한 양상으로 나타날 수 있다. 교권과 관련한 문제 역시 OECD 각국

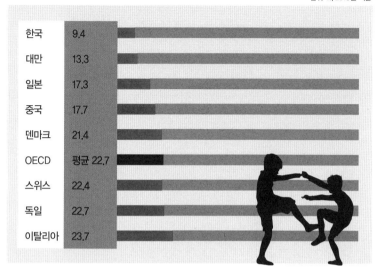

## OECD 국가별 학교폭력 심각도 순위

단위: %, 2018년 기준

|  |  |
| --- | --- |
| 한국 | 9.4 |
| 대만 | 13.3 |
| 일본 | 17.3 |
| 중국 | 17.7 |
| 덴마크 | 21.4 |
| OECD | 평균 22.7 |
| 스위스 | 22.4 |
| 독일 | 22.7 |
| 이탈리아 | 23.7 |

자료: OECD

에서 조사하고 있는데, 교사의 피해 사례가 상당히 빈번하게 발견되며 그 정도도 심각하다.

대표적으로 영국을 거론할 수 있다. 2020년 텍사스대학 리처드 머피Richard Murphy 연구교수가 〈노조가 살아남는 이유: 노조가 무임승차자 문제를 극복하는 방법의 이해Why Unions Survive: Understanding How Unions Overcome the Free-Rider Problem〉라는 논문을 발표했다. 이 논문은 2007~2011년 사이의 데이터를 집중적으로 분석했는데, 그 결과 영국에서 교사가 35년간 근무할 경우, 고소·고발을 경험할 확률이 24%로 나왔다. 즉, 4분의 1의 교사가 재직 중에 법정에 가야 할 일을 겪는다는 뜻이다. 그런데 이 중에 무려 46%가량이 무혐의/불기소/사건 종결 등으로 결론이 났다. 말하자면 영국은 교사가 아무 잘못을 저지르지 않아도 일단 소송부터 걸고 보는 경우가 많다는 것과 허위 고소·고발이 횡행하고 있다는 것을 알 수 있다. 4명 중 1명의 교사가 기소를 당하고, 그중 절반은 무혐의인 상황에서 교사의 삶은 어떨까? 영국 교사들이 노조에 가입하는 주된 이유가 이런 상황 때문이라는 것이 논문의 요지다. 이러한 외부로부터의 소송 위험에 교사들은 노조를 구성해 집단적으로 대응할 수 있다.

캐나다도 마찬가지다. 캐나다 온타리오주의 공립초등학교 교사중 54%는 2017~2018년 동안 학생으로부터 신체적 폭력 행위를 한 번 이상 경험했다고 답했으며, 72%는 노골적인 언어폭력 및 외설적 몸짓으로 인한 폭력을 경험했다고 답했다. 이는 20년 전과 비교하면 약 10배가량 증가한 수치라고 한다. 지난 20년간 무슨 일이 있었던 것일까. 또한 이러한 교권 침해 상황이 발생했을 때, 한국과 마찬가지로 캐나다 교사들도 학교 관리자로부터 필요한 지원을 받지 못한다고 답했다. 심지어 당국은 교사에게 헬멧, 보호복, 정강이 보호대와 같은 개인 보호 장비를 착용하도록 요구하면서 각자 자구적으로 구비할 것을 권고한다고 한다. 거기도 교사들이 각자도생해야 하는 나라다.

독일 역시 교권 침해 및 교사에 대한 폭력으로 홍역을 앓는 중이다. 보육교육협회의 '교사에 대한 폭력 2020' 조사에 따르면, 직접적으로 모욕, 위협, 따돌림, 성추행을 당한 교사는 2018년 48%에서 2020년에 61%로 증가했다. 신체적 폭력을 당한 비율도 26%에서 34%로 증가했다고 한다. 또한 온라인상에서 명예훼손, 위협, 성희롱, 괴롭힘 등을 당한 교사는 20%에서 32%로 증가한 상태다. 이렇듯 서구권 전반적으로 교사가 물리적·법적으로 보호받지 못하는 일이 만연한 상태다.

## 미국이 교권 붕괴에 대응하는 자세

미국의 대응책은 우리가 참조할 만하다. 미국 역시 여느 국가들 못지않게 공교육이 붕괴된 것으로 유명하다. 이 때문에 공교육을 어떻게든 유지하기 위해서 꽤 촘촘하게 규정과 제도를 만들었다. 이들은 교권이라는 추상적인 개념을 보다 구체적으로 규정하면서 현실적 적용에 초점을 맞춘다. 교권을 구분해서 차별받지 않을 권리, 수업 내용과 주제에 간섭받지 않을 권리, 사생활을 침해받지 않을 권리를 대표적인 교원의 권리로 규정하고 있다. 또한 교원에게는 결사의 자유가 있으며, 교원단체나 노동조합에 가입하는 것이 허용된다. 또한 공립학교 교원의 경우, 부당해고를 당하지 않을 권리와 이와 결부된 절차적 권리들이 보장된다. 전반적으로 제도의 목표가 교육 전문가로서 교사가 안전한 환경에서 사회적 존중을 받으며 간섭과 외압 없이 자유롭게 독립적으로 수업권을 행사하는 데 맞춰져 있다.

이는 인권과 노동권, 전문가의 권리 등을 두루 포괄한다. 예컨대, 수업 중 학교 관리자가 교실에 들어와 학생들 앞에서 교육방법을 지적한다거나 교무회의 석상에서 교원의 사생활에 대하여 이런저런 참견을 하는 것 자체가 법적으로 금지되며, 다양한 제삼자의 오지랖에 대해서도 자유로울 수 있다. 교원은 언제든지 권리 침해에 대하여 이의를 제기하고 법적 구제절차를 밟을 수 있다.

그중에서도 캘리포니아주는 교권을 교실에서의 권리, 관리자에 대한 권리, 학부모에 대한 권리로 삼등분한다. 교실에서의 권리는 주로 학생과 관련된 교원의 권리인데 교원은 학생에 대해서는 2일 이내의 정학권을 가지며 학생의 비행과 관련한 사전 정보를 제공받을 수 있다. 학교 관리자의 경우 회의를 소집할 때 회의의 목적을 분명히 밝혀야 하며, 이례적인 지시에 대해서는 서면을 통해 책임 소재를 명확히 해야 한다. 또한 교사는 관리자로부터 업무상 책임을 부당하게 추궁당할 경우, 교원 대표나 관련 기관의 상담과 자문을 받을 권리를 보장받는다. 그중 학부모에 대한 권리도 주목할 만하다. 먼저 수업 등 교육활동을 방해한 학부모에 대해서는 형사 책임을 물을 수 있을 만큼 교원의 수업권을 철저하게 보장하고 있다. 또한 학부모는 학교에 방문하여 교사와 면담하기 위해서는 사전에 교사에게 통지해야 한다. 면담 과정에서 교사가 학부모에게 정서적 폭력을 당했다면 교사는 즉각 면담을 중단하고 교원노조 대표자 또는 학교 관리자의 동석을 요구할 수 있다. 또한 학부모나 관리자와의 면담은 기록할 수 있으며 추후 법적 분쟁이 발생했을 때 증거로 활용할 수 있다.

## 캐나다와 일본의 대응법

캐나다의 뉴브런즈윅주에서는 긍정적 학습 및 업무환경 조성에 초점을 맞춰 이를 방해하는 사람에게 적절히 대응한다. 예를 들어 학부모가 학교와 교사가 하는 일에 과도하게 개입하면서 간섭을 시도한다면 긍정적 학습 및 업무환경에 손상을 가하고 있다고 판단하여 학교 시설에 출입할 수 없게 한다든지, 학교를 당장 나가달라고 요구할 수 있다. 학부모가 이에 따르지 않을 때는 형사 처벌을 받을 수도 있다. 그리고 이런 긍정적 학습 및 업무환경 조성은 학교장이 최종 책임을 지며 주도적인 역할을 맡는다. 교권 침해 상황이 발생하면 학교장의 주관 아래 교원을 보호하고 관련 행위자를 학교에서 배제시킨다.

일본은 이미 1990년대에 소위 괴물 학부모monster parent라고 하여 교원을 학대하는 학부모가 사회문제로 비화한 적이 있다. 이처럼 교권 침해와 관련한 역사가 오래되었기 때문에 교원의 정신건강을 관리하고 회복하는 조치에 상당한 노하우를 가지고 있다. 교사가 교권을 침해받아 정신적 고통을 호소하면 대개 교사를 보호하기 위해 휴직할 수 있게 한다. 그리고 사후 복귀를 위한 관리도 세심하게 진행하는데, 그 과정을 예비 단계, 적응 단계, 준비 단계로 세분화해 놓았다. 복귀를 준비하는 예비 단계에서는 휴가 기간 중에 예비적으로 학교에 출근하여 점진적으로 학교 생활에 접촉할 수 있도록 하며, 적응 단계에서는 업무 내용을 숙지하고 그에 익숙해질 수 있는 과도기를 거치게 하면서 교사를 최대한 배려한다. 이러한 과정을 거쳐 교원이 학교에 복직한다고 해서 끝나는 것이 아니라 학교장이 사후 관리를 책임지며, 복직 프로그램의 경과를 관찰하고, 교사의 주치의 및 주변인과 협의하여 적절한 지원책을 마련할 의무를 가지고 있다.

## 소 잃기 전에 외양간을 고쳐야 한다

교사와 학교가 대외적으로 혹은 대내적으로 위협받는 현실은 세계 각국이 비슷하다. 우리보다 훨씬 문제가 심각한 나라도 많다. 그 속에서도 각국은 가능한 대책을 마련하고 이런저런 제도를 시행하고 있다. 우리 입장에서는 참고할 만한 해외 사례가 많은 셈이다. 실제로 일선 교사 및 학계에서의 연구도 상당히 진척된 상황이다. 교사들의 연이은 비극이 우리 사회에 경종을 울리는 지금이 이러한 연구들을 조명하고 관련 전문가들에게 발언권을 주기에 적합한 시점일 것이다.

건축업계에는 하인리히의 법칙Heinrich's Law이라는 것이 있다. 어떤 대형 사고가 발생하기 전에 같은 원인으로 수십 차례의 경미한 사고와 수백 번의 사소한 징후가 반드시 나타난다는 것을 뜻하는 통계적 법칙이다. 이를 1:29:300의 법칙이라고도 하는데, 큰 재해가 발생하기 전에 작은 재해가 29회는 발생한다는 것이며, 나아가 그 이전에 300회 이상의 자잘한 문젯거리들이 이미 누적된 상황이었을 것이라는 이야기다. 쉽게 말해 성수대교가 무너지기 전에 이미 금이 간 곳이 300군데는 있었을 거라는 뜻이다.

이와 같은 법칙을 교직 사회에도 적용할 수 있다. 교사들의 잇따른 자살은 이미 이전부터 교육 현장에 붕괴의 전조가 쌓였다는 것을 의미한다. 그리고 다른 한편으로, 이보다 더 심각한 재난 상황, 어쩌면 교육의 전면적 붕괴도 점차 다가오고 있다는 것을 짐작할 수 있다. 다른 선진국들처럼 완전히 학교 현장이 무너져내리기 전에 그들이 고심해서 설계한 여러 대응책을 참고하고 연구해서 사전에 사고를 방지해야 한다. 이미 잃은 것이 많지만, 앞으로 잃을 것이 더욱 많을 수 있는 만큼 너무 늦지 않은 사회적 합의와 결단이 필요하다.

CHAPTER

11

# 2028 대입 개편의 속내는 따로 있다

교육부가 대대적인 대학입시제도 개편안을 발표했다. 이번 개편은 2028학년도 대학입시부터 적용되며, 2023년 중학교 2학년이 고3이 되었을 때 첫 적용 대상이 될 예정이다. 지금까지와는 완전히 다른 방향으로 대학입시의 흐름이 전환될 것으로 전망된다.

이번 개편 내용을 간단히 요약하면 내신도 수능도 간소화하겠다는 것이다. 과목과 점수의 유불리를 해소하기 위해 수능은 국어, 수학, 영어, 한국사, 탐구 영역 모두 문·이과 구별을 없애고 통합했다. 여기에 내신 역시 기존의 9등급제에서 5등급제로 개편했다. 제도의 복잡성 측면에서는 역대 어느 대입 못지않게 단순해졌다고 할 수 있다. 전체 수험생이 같은 수능을 보고, 내신 등급은 과거의 수우

미양가와 비슷하게 5등급으로 평가받는다.

이번 개편이 얼마나 중요한 변화인지를 파악하려면 현행 대입 제도가 어느 시점에 만들어졌는지를 살펴보아야 한다. 물론 대입제도는 매해, 매 정부, 매 교육과정마다 상당한 변화를 겪어왔다. 그 과정에서 현재와 같은 대입 체계가 완성된 것은 2000년대 중반경이다. 구체적으로 시점을 특정하면 2005학년도 대입 때부터다. 이 전까지는 탐구 영역의 경우 문·이과 모두 사회와 과학에서 공통적으로 시험을 봐야 하는 분량이 있었고, 거기에 일부 선택 과목이 덧

## 2028학년 수능 개편안

| | | 현행(~2027학년도) | 개편안(2028학년도~) |
|---|---|---|---|
| 국어 | | 공통(독서, 문학) + 2과목 중 택1 | 공통(화법과 언어, 독서와 작문, 문학) |
| 수학 | | 공통(수학Ⅰ, 수학Ⅱ) + 3과목 중 택1 | 공통(대수, 미적분Ⅰ, 확률과 통계) |
| 영어* | | 공통(영어Ⅰ, 영어Ⅱ) | |
| 한국사* | | 공통(한국사) | |
| 탐구 | 사회 과학 | 17과목 중 최대 택2 −사회 9과목, 과학 8과목 | 공통(통합사회), 공통(통합과학) |
| | 직업 | 1과목: 5과목 중 택1 2과목: 공통(성공적인 직업생활) + 1과목 | 공통(성공적인 직업생활) |
| 제2외국어 /한문* | | 9과목 중 택1 | |
| | | | 10과목 중 택1(추가 검토안) −제2외국어/한문: 9과목* −심화수학: 1과목(미적분Ⅱ+기하)* |

*는 절대평가 적용 영역

자료: 교육부

붙여지는 형태였다. 반면에 2005학년도부터는 모든 응시 과목을 개인이 자유롭게 선택할 수 있게 했으며 문과는 사회탐구만, 이과는 과학탐구만 응시하는 형태로 바뀌었다. 대입 과목을 다변화하면서 입시 자체를 굉장히 복잡하게 만들었다.

## 2005년 표준점수 등장과 복잡한 입시로의 변화

가장 큰 변화는 점수 체계였다. 2005년 이전까지는 400점 만점을 기준으로 하는 평가 체계가 유지되었다. 이것을 '원점수'라고 부르는데, 이 점수가 곧 수능점수였다. 그런데 이때부터는 표준편차와 평균점수에 따라 원점수를 보정한 점수인 표준점수가 중심 평가지표가 된다. 어느 학생은 경제를 응시한 반면 다른 학생은 법과 정치를 응시한다든가 하는 식으로 응시생들이 치른 과목이 동일하지가 않았고, 그에 따라 과목별 난도 차이가 있어서 예전처럼 원점수로 우열을 가르기가 힘들어졌기 때문이다. 자연히 각 과목별 점수를 공정하게 평가하기 위해 표준점수라는 공통 기준이 필요해졌다. 즉, 과목별 난이도를 고려해서 점수를 조정해야 했다.

표준점수가 등장함으로써 난도가 다른 선택 과목의 점수를 공평하게 조정하는 문제는 어느 정도 해소되었다. 하지만 다른 한편으로 선택 과목에 따른 유불리가 발생했다. 예를 들어 윤리 과목을 선택했다고 치자. 시험 난도가 낮아서 50점 만점을 받더라도 표준점수는 62점에 그치는 반면, 지리 과목은 난도가 높아서 만점을 받으면 표준점수가 74점이 나오는 일이 발생하는 것이다. 다시 말해 과목별 최고 표준점수가 그때그때 달라 상위권 학생들 사이에서 더 유리한 과목을 선택하기 위해 치열한 눈치 싸움이 벌어졌다. 2005 학년도 대학입시 시스템은 이후에도 조금씩 손질을 하긴 했지만 전체적인 틀은 유지하면서 현재에 이르렀다.

이렇게 표준점수 체계로 수능이 복잡해지면서 입시 전략도 훨씬 더 정교하게 바뀌어갔다. 여기에 더해 같은 시기에 내신을 중심으로 하는 수시 전형이 수능 중심의 정시 전형을 대체하기 시작하면서, 이전까지의 입시와는 완전히 다른 질서가 형성됐다. 2005년 무렵을 기점으로 단순한 입시와 복잡한 입시로 체계가 완전히 구별된다고 해도 과언이 아니다. 한마디로 입시 전형과 과목이 다양하고 복잡해지는 방향으로 대입제도가 변화해왔다.

이런 맥락을 고려하면 이번 개편안의 의의가 분명해진다. 수능도 내신도 단순하고 간결한 방향으로 전면 개편하면서 기존의 복잡한 대입이 아닌 단순한 대입으로 회귀한다는 것이다. 간단히 2005년 이전 대학입시로 되돌린다고 볼 수 있다. 그렇다면 자연히 이어서 나오는 질문이 있다. 왜 과거 방향으로 선회해야 하는가? 이를 이해하려면 먼저 윤석열 정부의 전반적인 정책 기조를 살펴보아야 한다.

## 3대 개혁을 위한 출발점, 대입 개편의 속내

　윤석열 정부가 현재 역점 정책으로 내세우는 것은 교육개혁, 노동개혁, 연금개혁이다. 교육개혁은 출생부터 대학까지의 단계, 노동개혁은 청년부터 은퇴 전까지의 단계, 연금개혁은 은퇴 이후의 단계에 해당한다는 점에서 국민 개인의 전 생애를 망라한다. 이 점에서 윤석열 정부의 3대 개혁은 태어날 때부터 죽을 때까지 한국인의 전 생애주기를 완전히 다시 재조직하겠다는 구상이다. 그리고 여기서 대입 개혁은 직접적으로는 교육개혁에 속하면서 동시에 개개인이 대학을 졸업하고 고용시장으로 진입하는 단계와도 긴밀하게 연관된다는 점에서 노동개혁과도 연동된다.

　이와 관련해서 윤석열 대통령이나 정부 당국의 관점은 아주 상세하지는 않지만 그럭저럭 일관된 방향으로 여러 번 노출됐다. 이전에 윤석열 대통령은 한국의 대학 진학률이 매우 높지만 이것이 기업의 요구와는 동떨어져 있다는 취지로 발언한 적이 있다. 또한 국어 과목을 비롯하여 입시교육의 실효성이 떨어진다는 견해도 밝혔다. 말하자면 교육의 목적은 인재 양성이며 인재 양성은 철저하게 산업 현장의 요구에 부응해야 한다는 것이다. 교육을 철저히 인적 자원의 생산성을 높이는 수단으로서 바라본다.

　또한 윤석열 대통령은 이른바 '사교육 이권 카르텔'과 '킬러 문항' 등을 문제 삼으며 대입 과정에서 사교육에 지나치게 많은 사회적 자원과 비용이 소모되고 있다는 문제의식을 지속적으로 피력했다. 아울러 고등학교 단계에서 사회 진출을 위한 직업 교육이 완비되어야 한다는 관점도 밝혔다. 다시 말해 고등학교를 졸업할 때까지 학생들이 지나치게 대입 과정에 매몰되는 것을 부정적으로 바라보며, 기능 인력으로서 빠르게 사회에 진출할 수 있기를 바라는 것이다.

작년에 제기되었다가 무위로 돌아갔던 만 5세 초등학교 입학 역시 같은 맥락에서 이해할 수 있다. 한 살이라도 더 빨리 초등학교에 입학시키면 중학교, 고등학교, 대학교 졸업 시기 역시 1년이 앞당겨지고, 그에 따라 조기에 사회에 진출할 수 있게 된다는 발상이었다. 물론 만 5세 입학 정책은 각계각층의 강력한 반발에 밀려 수포로 돌아갔지만, 윤석열 정부가 어떤 관점에서 교육을 바라보고 있는지를 명확하게 드러낸 사건이었다.

현 정부의 방침을 요약하면 다음과 같다. 사회 전체적인 생산성 제고를 위해서는 기업과 산업의 요구에 맞는 기능 인력을 최단 시간에 배출해야 하므로 대입 과정이 과열되어서는 안 된다, 사교육에 개개인의 비용과 시간을 소요하는 것은 국가 경쟁력을 떨어뜨린다, 대입은 현재보다 간소화되어야 한다는 것이다. 가급적이면 고등학교부터 직업 교육에 집중하여 기능 인력을 양성하고, 더 이른 시기에 사회에 진출해서 결혼과 출산, 육아를 하게끔 한국 사회의 라이프 사이클을 가속화해야 한다는 것이다.

이는 노동개혁, 연금개혁과도 긴밀하게 연동된다. 소수의 대기업·정규직·사무직에 다수의 대졸 인력이 지원하는 노동시장의 수급 불일치를 완화하기 위해 고졸 산업 인력을 적극적으로 육성하겠다는 점에서 노동개혁과 조응한다. 개개인이 더 빠른 시기에 취업할 수 있도록 하여 연금 납입 시기를 앞당기고 연금 재정을 건전화하겠다는 점에서 연금개혁과도 맞물린다. 결론적으로는 빨리 입학하여 빨리 졸업하고 빨리 취업하며 빨리 결혼하여 빨리 출산하여 노후를 더 풍성하게 만들겠다는 그런 복안이다. 그리고 이번 대입개편 역시 큰 틀에서는 이런 청사진을 실현하기 위한 것이라 할 수 있다. 내신과 수능의 복잡성을 낮추고 변별력을 떨어뜨려서 대입을 전반적으로 간소화해야 라이프 사이클을 가속화할 수 있으니까.

이는 관점 자체로는 일리가 있다. 한국 사회의 문제가 과도한 사교육비, 그런 사교육비 투자와 괴리되는 취업시장의 성과, 청년 실업, 늦은 사회 진출, 출산율 감소, 그에 따른 노인 빈곤이라고 보면, 이를 출생부터 노년에 이르기까지 전 과정을 완전히 재조정하여 톱니바퀴가 맞물린 것처럼 돌아가게 하겠다는 것은 거시적으로 보면 어느 정도 설득력이 있다. 하지만 이렇게 큰 틀에서는 일리가 있다고 해도 그러한 구상을 현실화하는 것은 완전히 다른 이야기이다. 설계와 실행은 엄연히 다르다.

# 학령인구 감소라는 근본적 변화의 시작

2028 대학입시 개편으로 수능과 내신이 단순한 형태로 정리되고 전형이 간소해졌다고 해서 실제 대학에서 학생을 선발하는 과정 자체가 간소해지진 않는다. 수능과 내신만 가지고 학생 선발을 할 수 없게 된 대학에서는 논술을 비롯하여 자체 전형을 강화할 것이 분명하고, 과거의 본고사에 준하는 자체 선발 시스템을 부활할 수도 있다. 그러면 가장 탄력을 받는 곳은 어디일까? 대학별 전형에 최적화된 노하우를 판매할 수 있는 사교육 업체이다. 사교육의 영향력을 축소하기 위해 수능과 내신을 간소화한 것이 역설적으로 사교육 강화로 이어질 수 있다.

또한 이번 개편은 역으로 자사고나 특목고에 유리하게 작용할 수 있다. 기존의 내신 9등급제의 경우, 자사고와 특목고에서는 교내 내신 경쟁이 치열한 편이기 때문에 높은 내신 등급을 확보하는 데는 불리한 측면이 있었다. 그래서 내신으로 대학에 진학할 경우 일반고가 가지는 상대적 강점이 존재했다. 반면 2028학년도부터는 내신이 5등급으로 간소화하면서 1등급과 2등급 비율이 늘어나기 때문에 자사고나 특목고라고 하더라도 불리한 정도가 크게 줄어든다. 자사고나 특목고가 수시에서도 일반고 상대로 우월한 위치를 점할 가능성이 매우 커진 상황이다. 이렇게 되면 중학교 단계에서 자사고와 특목고 입학을 위한 경쟁 그리고 고등학교 입학을 위한 중학교 입학 경쟁 역시 심화할 것으로 보인다. 입시 경쟁을 줄이기 위한 조치가 오히려 중학교와 고등학교 입학 경쟁을 격화시킬 수 있다는 점에서 이 역시 정책의 의도와 결과가 상반된다.

근본적으로 이번에 발표된 대입제도에서 고려하지 못한 중요한 요소가 학령인구의 감소다. 1년간 출산인구가 25만 명을 밑도는 수준이어서 앞으로 학생 수가 급감할 것이 예정되어 있다. 서울은 2024년부터 입학하는 1학년의 수가 35만 명으로, 종전 40만 명에서 5만 명 감소하면서 처음으로 40만 명 선이 붕괴되었다. 앞으로도 계속 입학생 수는 감소할 것이며 20만 명대로 급격히 내려갈 일도 몇 년 남지 않았다. 이런 상황에서 한국의 수많은 대학교와 경쟁을 부추기는 대학입시제도는 어떤 의미가 있을까? 현재 수준으로 대학교 수가 유지된다면 상당수 대학은 자유롭게 입학할 수 있을 정도로 수요보다 공급이 많은 상태가 될 것이다. 각 대학은 신입생 수 유지를 위해서 이제 해외 유학생에 상당한 비중을 의존해야 하는데, 이것이 앞으로 지속 가능성이 있을지에 대한 논의는 현재 이루어지지 않고 있다.

교육개혁의 방향성은 이번 정부의 여러 개혁 모형 중에서 어쩌면 가장 미래지향적일 수도 있다. 과거와 달리 소위 많이 공부해서 전문직이 되는 것만이 능사가 아닌 새로운 세상이 오고 있기 때문이다. 여러 가지 방향으로 다른 일을 하며 먹고살 수 있는 시대가 되면서, 교육의 의미도 달라지고 있다. 그러나 다른 방향에서 그만큼 큰 변화가 학령인구의 감소다. 우리나라 인구가 줄어든다면 해외에서라도 신입생을 유치할 수 있을 만한 세계 경쟁력이 있어야 대학이 살 수 있고, 대학이 살아야 지역이 살고, 지역이 살아야 지역경제가 살고 일자리가 만들어지고 다원성 있는 사회가 될 수 있다. 지금은 입시 중심의 개혁에 함몰되지 말고 진정한 교육개혁을 해야 할 시점이다.

# 사라지는 군대가 만들 미래

2023년 12월 29일 미국 CNN은 한국의 유례없는 저출신 추세가 국방력 야화로 이어질 거라는 뉴스를 보도했다. CNN은 한국군이 현재의 국방력을 유지하려면 매년 20만 명의 군인이 필요한데, 한 해 태어나는 총인구가 25만 명 수준으로 내려갔다고 지적한다. 이보다 한발 앞서서 〈월스트리트 저널〉에도 현세대의 저출산율이 이어진다면, 늦어도 50년 이내에 북한이 남한을 다시 한 번 침공할 수도 있다고 전망하는 내용의 칼럼이 실렸다. 근거는 우리나라의 인구가 북한에 역전되는 시기가 다가올 것이고, 그때의 인구 구조 역시 우리는 초고령 사회이고 북한은 그렇지 않을 것이기 때문이라고 했다.

## 한국군의 새로운 적, 인구 감소

인구 감소는 국방력에도 영향을 미치고 있다. 2006년 우리나라 국방에 관한 큰 개혁이 있었다. 북한으로부터 위협이 점진적으로 감소할 것이며 우리의 국방력이 북한을 완전히 앞질렀다고 판단하면서 나온 개혁이었다. 당시 67만 명이 넘던 군인을 점차 50만 명대 수준까지 낮추는 것으로, 국방개혁 2020으로 불린 장기적인 계획이었다. 이 계획 아래 병력 감축은 2022년에, 부대 등의 변화는 2025년에 완성할 생각이었다.

문제는 출산율 저하와 기술 발전이 동시에 나타나기 시작했다는 점이다. 출산율 저하로 매년 출생 인구가 줄어 30만 명 이하로 내려가면서 남자만 의무적으로 군대를 가는 우리나라에서 목표로 했던 병력 50만 명을 유지하는 것이 불가능해진다. 이에 국방연구원은 2020년부터 국방 인력에 대한 위기감을 느끼고 여러 연구를 진행해왔다.

자연스럽게 남자 군인이 줄어들면 여자로 충원해야 한다는 주장이 제기됐다. 이미 같은 내용이 2006년의 국방개혁 2020에도 포함되어 있었다. 특히 장교 7%, 부사관 5%를 여성으로 채운다는 목표에 따라 여군 인원을 충원해왔다. 지금은 여군의 수가 크게 늘어서 2018년 기준 이미 간부 6%, 장교 7%, 부사관 5.3%를 넘어서는 수준이다. 현재는 여군 장교나 간부뿐 아니라, 일반 병사급에서도 여군을 충원해야 한다는 주장이 나오고 있다.

외국처럼 민간 인력을 활용한 국방 인력 유지 방안도 고려해볼 수 있다. 이른바 용병까지는 아니지만, 군무원으로 불리는 민간 인원이 국방 인력을 대체하면 매년 감소하는 군인 수의 약 4분의 1 정도는 보충할 수 있다.

인구 감소가 국방 인력에도 영향을 미치면서 최근 군부대가 해체되거나 재정비되는 이합집산의 과정을 겪고 있다. 군부대가 사라진 뒤 그 지역의 상권이 소멸했다거나 군부대가 떠난 부지를 다른 용도로 사용한다는 등의 뉴스가 심심찮게 보도되고 있다. 2023년 말 프로젝트파이낸싱 부실 문제로 전국적인 관심사로 떠오른 태영건설 역시 군부대 이전 부지를 활용해 주상복합 및 아파트 단지를 건설하는 부동산 프로젝트를 가장 잘 수행하던 회사 중 하나였다.

## 병역 자원의 공급에 켜진 빨간불

남성들이 대개 20세 무렵에 입대하는 현실에 비추어보면 현재 병역 자원의 '공급'은 이미 20년 전에 결정되어 있는 것과 마찬가지다. 부동산도 3년 전 착공한 물량이 올해의 입주 물량이 되는 것처럼, 인원 공급량이 이미 확정된 상태에서 미래의 병역계획을 수립해야 한다는 점에서 근본적으로 정책을 짜기가 쉽지 않다.

우리나라는 1949년에 제정한 병역법을 통해서 '징병제'를 선택했고, 그간 높은 출생아 수로 병역 자원 측면에서 부족함을 느껴본 적이 없다. 오히려 입영해야 하는 인원이 적체되어 문제가 되던 시점이 있었을 정도로 병역 대기 인력이 풍부한 나라였다. 현재는 50만 군인 중 징집병이 30만 명으로 약 60%를 차지한다. 그만큼 국방력에서 징집병의 규모가 중요할 수밖에 없다.

한국군의 규모는 현재 매우 빠르게 감소하고 있다. 2018년 59.9만 명으로 60만 명 가깝던 병력 규모는 2022년 기준 50만 명으로 4년 만에 9.9만 명이 감소했다. 현재 추세라면 2040년에는 군대 갈 남성이 고작 14만 명에 불과할 것이다.

이러한 변화에 따라 국방 인력의 재구성이 필요한 시점이다. 먼저, 미국 등을 보면 총인구 대비 상비군의 수는 0.4%, 유럽은 0.2~0.3%이며, 현재 한국은 1%를 유지하고 있다. 상비군 대비 예비군의 수가 미국이 60%, 유럽이 20%인데 한국은 560%이다. 현재 약 275만 명에 이르는 예비군이야말로 우리나라 군 병력의 핵심이라 할 수 있다. 다만, 군대 내 민간 인력의 수가 너무 적다. 다른 나라는 적어도 3분의 1에서 절반 이상의 비중을 차지하나 우리나라는 불과 7% 수준이다. 앞으로는 민간인의 국방 분야 진출이 매우 높을 것으로 보인다.

문제는 2006년 개혁 조치 이후 현재처럼 급속하게 인구가 감소하는 상황에 대한 대책이 나오지 않고 있다는 점이다. 이제 머지않아 출생아 수 20만 명의 시대가 다가올 것이다. 그중 남자인 10만

## 군 병력 규모 변화

| 구분 | 2018년 | 2022년 |
|---|---|---|
| 상비군 | 59.9만 명(간부 20만, 병사 40만) | 50만 명(간부 20만, 병사 30만) |
| 민간 인력 | 3.2만 명 | 5.5만 명 |
| 예비 전력 (동원예비군) | 275만 명(130만 명) | 275만 명(95만 명) |

## 주요 국가의 국방 인력 구조

| | 미국 | 유럽 | 한국 |
|---|---|---|---|
| 총인구 대비 상비군 | 0.4% | 0.2~0.3% | 1% |
| 상비군 대비 예비군 | 60% | 20% 수준 | 560% |
| 군대 내 민간 인력 | 56% | 30~44% | 7.2% |

자료: 조관호(2021), 〈미래 병력 운영과 병력제도의 고민〉을 토대로 재작성

명 가운데 80%가 징병된다고 할 때, 2년 군복무 기간을 통해 유지되는 병사의 수는 고작 16만 명이라는 계산이 나온다. 현재 이 숫자가 현실이 될 확률이 매우 높다. 국방개혁은 고도의 군사 기술, 병력의 품질, 그리고 민간 참여 확대 등의 방향성이 어느 정도 예고되어 있다. 문제는 우리 사회가 그러한 비용을 충분히 감당할 수 있는지 여부다. 이러한 방향 전환은 2006년 참여정부의 국방개혁이 발표될 때처럼 깊이 있는 연구와 사회적·정치적 합의가 선행되어야 할 것이다.

# 원정출산의 그림자

자식의 병역 의무를 면제시키려는 목적에서 의도적으로 다른 나라에 가서 출산하는 것을 원정출산이라 부르는데, 최근 미국, 캐나다, 벨기에 3개국을 통한 원정출산이 꾸준히 증가하고 있다. 이들 국가는 출생지주의 원칙에 따라 시민권을 부여하기 때문이다.

미국의 병원을 이용하기 어려웠던 과거와 달리, 현재는 로스앤젤레스 등에 한국 병원들이 들어서기 시작하면서 한국의 산후조리원과 같은 출산 및 산후조리 프로그램이 이들 지역에서 인기를 얻고 있기도 하다. 물론 과거에도 사회 지도층이나 부유층을 중심으로 원정출산을 하는 사례가 심심찮게 있었지만, 갈수록 더 늘고 있다는 점이 문제다. 정확한 통계 자료는 없지만, 미국 이민정책센터(CIS)가 분석한 바에 따르면, 한국인의 원정출산 규모는 한 해 3천여 명 이상으로 알려져 있고 최근에는 5천여 명 수준으로 거론된다. 이는 전체 출산의 2%에 달하는 수치다. 아마도 10년 후에는 전체 출산의 10%까지 올라갈 가능성도 배제할 수 없다. 저출산으로 국가 소멸 위기가 널리 퍼진다면 원정출산이 더욱 늘어날 수 있기 때문이다. 이렇게 계속 가다가는 비단 군대 문제뿐만 아니라 우리 사회의 중추를 이루는 소방, 경찰, 의료, 교원, 보육 등 여러 사회 기능 부문에서 인력이 부족해지면서 감당하는 도시 지역이 줄어들기 시작하면, 그때가 바로 대한민국 소멸의 시작일 것이다.

# 부동산,
# 돈 잔치는 끝났다

    2021년 말부터 현재에 이르기까지 부동산 시장은 매우 변화무쌍한 모습을 보여주었다. 끝 간 데를 모르고 상승하던 장이 2022년에는 수습할 길 없이 무너져내렸다. 해가 바뀌면서 2023년에 다시 전 고점을 향해 집값이 올라가다가 하반기에는 다시 언제 그랬냐는 듯 시장에 냉기가 흘렀다. 이렇게 짧은 주기 동안 큰 폭으로 집값이 등락하다 보니 시장에 맞춰 대응하기가 매우 어려워진 상황이다. 그사이에 집값의 바로미터가 된 것이 금리의 등락이었다. 현재는 시장 참여자들 모두가 오로지 금리만 중요하게 생각하는 듯이 보인다. 하지만 금리와 함께 더 기저에서 자산 가격을 규정하는 요소가 하나 더 있는데, 이 부분까지는 아직 대중의 관심이 충분히 미치지 못하고 있다. 그것은 바로 DSR 40% 규제다. DSR<sup>debt service ratio</sup>은 총부채 원리금 상환 비율로, 연간 소득액에서 원리금 상환에 쓸 수 있는 금액 비중에 제한을 두고 대출한도를 설정하는 제도이다. 즉, 한 해 동안 갚아야 할 주택담보대출 원리금과 기타 대출 원금, 이자 비중이 연봉의 40% 수준을 넘지 말라고 규제한 것이다.

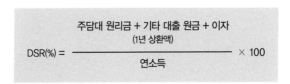

$$DSR(\%) = \frac{주담대\ 원리금\ +\ 기타\ 대출\ 원금\ +\ 이자}{연소득}\ (1년\ 상환액) \times 100$$

DSR 40% 규제를 살펴보기 위해서는 2021년 4월 금융위원회가 처음 발표했던 시점으로 돌아가야 한다. 이때 금융위원회에서는 코로나로 인해 대출이 증가한 것에 대해 우려를 표하면서 가계부채가 잠재적 리스크 요인이 되지 않도록 선제적 관리를 하겠다고 선언한다. 당시 우리나라의 가계부채가 GDP 대비 100%를 넘겼고, 특히나 2020년과 2021년 두 해에 걸쳐 가계대출이 300조 원 이상 늘어났다. 이러한 급격한 대출 증가는 결국 경제 위축으로 이어질 수 있으므로 2021년 4월 금융위원회는 대응 차원에서 가계대출 관리 정책을 발표했던 것이다.

이 당시 나온 여러 가이드라인 중에서 특히 대출총량제와 차주 단위 DSR 적용이 중요했다. 대출총량제는 GDP 대비 대출 비중을 장기적으로는 80% 이하로 하향시키고, 단기적으로는 당시의

100%를 넘지 않도록 하는 것이었다. 다시 말해 이후로는 GDP 성장률만큼만 대출 증가율이 허용된다고 규정해놓은 것이다. 당시 한국의 GDP는 약 2,200조 원이었고, 가계대출도 100%를 약간 상회했기 때문에 비슷한 수준이었는데, 만약 GDP 성장률이 2%(실질 기준, 명목 GDP는 4%)가 나와서 GDP가 2,200조 원 + 88조 원 = 2,288조 원이 된다면 가계대출 역시 2,288조 원까지만 허용된다. 여기서 GDP 증가액 88조 원을 12개월로 나누면 약 7.3조 원이 되고, 매월 7.3조 원 이상 가계대출이 증가해서는 안 된다. 이 금액이 대출 상한선이 된다.

## 금리 상승에 가려진 DSR 효과

차주(돈을 빌린 사람) 단위 DSR 40%의 경우 전국의 6억 원 초과 주택에 대해서 2021년 7월부터 DSR을 도입한다고 선언한다. 이것은 1단계 규제였으며, 1년 주기로 단계별 적용을 추가로 예고했다. 그래서 총 대출액 2억 원을 넘기는 차주에게 DSR 40%를 적용하는 2단계 규제는 2022년 7월에 시행될 예정이었다. 문제는 1단계 DSR 규제가 발표되었지만 한동안 시장에 변화를 주지 못했다는 것이다. 대출은 지속적으로 증가했으며 이에 따라 주택가격 역시 상승세가 이어졌다. 그러자 정부는 2021년 10월, DSR 2단계 규제를 반년 앞당긴 2022년 1월부터 시작하겠다고 선언했다. 대출액이 2억 원 넘는 차주는 당시 너무나도 흔했던 상황으로, 수치적으로 살펴보면 전체 가계대출액의 51.8%가 DSR 40% 적용 대상이었다. 이에 따라 DSR 40% 정책의 파급 효과는 이전과는 비교할 수 없는 수준으로 증대했다. 종전에는 9억 원 초과 부동산을 매입하는 차주만 대상으로 삼아서 전체 차주 중 한 자릿수 이하만 해당되었지만, 이 조치로 인해 전체 차주의 절반이 영향을 받게 되었다. 이후 2022년 6월부터는 전체 대출 1억 원 이상인 차주를 대상으로 했는데, 사실상 모든 가계대출이 다 영향권에 들어가는 셈이다.

같은 시기, 금리 역시 상승 추세를 보이기 시작했다. 기준금리가 올라가자 시장금리도 덩달아 올라가면서 주택가격은 급전직하했다. 이 과정에서 시장은 금리의 중요성을 더 크게 인식하게 된다. 다시 말해 DSR보다 금리 인상이 직접적으로 집값에 타격을 주면서 오히려 DSR의 규제 강도에 대한 사람들의 체감이 덜했다고 할 수 있다.

이렇게 2022년 하반기에 시장이 급락하니 2023년 초입부터 정부가 개입하여 부양책을 적극적으로 전개하기 시작했다. 부양책의 가장 핵심적인 양대 축은 특례보금자리론과 가산금리 인하였다. 먼저 특례보금자리론은 9억 원 이하 주택에만 적용되었지만, 달리 말하면 특례보금자리론을 이용한 매수자에게 9억 원 이하의 주택을 빠르게 처분하고서 9억 원 이상 주택으로 넘어갈 수 있게 길을 열어준 효과 역시 발생했다. 특정 가격 이하의 주택에만 대출 조건이 한정된다고 해도 결국 돈은 돌고 도는 것이므로 어느 한 군데에 살

포한 유동성이 거래와 교환 과정을 거쳐 다른 곳으로 투하되면서 전반적인 주택시장의 가격이 올라갈 수 있는 것이다. 결국 핵심은 전체 시장의 유동성 총량이 증가했다는 것이며, 9억 원 이하냐 이상이냐가 중요했던 것은 아니다.

여기에 가산금리 인하 효과까지 더해지면서 시중에는 어마어마한 유동성이 공급되었다. 기준금리는 1월 이후 동결된 반면, 은행채 금리나 국고채 금리 같은 시장금리의 경우 하락세를 보였다. 이는 정부에서 은행권에 압력을 넣어 가산금리를 낮게 유지하게끔 강제했기 때문이었다. 이 때문에 상품금리, 즉 전세대출 금리나 주택담보대출 금리, 신용대출 금리 등이 상당한 하락 폭을 보였다. 그리하여 2023년 초부터 약 반년 넘게 강세장이 이어진다.

이후 특례보금자리론이 끝물에 접어들고, 7월부터는 미국 연준이 긴축 기조를 고수하면서 미국의 기준금리가 인하될 것이라는 기대감이 주춤한다. 이에 따라 시장금리가 상승하는데 이때 은행들은 대출을 받으려는 차주들의 감소를 막기 위해 50년 만기 주택담보대출이라는 파격적인 상품을 본격적으로 운용한다. 이렇게 특례보금자리론이 상반기에 했던 역할을 시중은행에서 50년 만기 주택담보대출이 이어받으며 자연스럽게 주택가격이 연착륙했고 주택담보대출 잔액은 거듭해서 올라갔다.

이렇게 2023년 8월까지 정부와 은행이 주택시장에 탄력을 불어넣는 행보를 보일 때, 한국은행은 한편으로 우려를 표하면서도 정부의 미시적인 재정정책이나 특례보금자리론 같은 프로그램과 한국은행의 금리 인상과 같은 거시적인 긴축적 통화정책은 양립할 수 있다는 식의 입장을 표명하면서 정부 정책과 조율을 꾀하는 듯했다.

그런데 9월에 갑자기 한국은행은 입장을 선회한다. 정부의 부양책과 긴축적 통화정책이 충돌하면 부작용이 크다고 정확하게 지적한 것이다. 고금리 국면이 길어지면 길어질수록 국가 경제 전체적으로 타격이 큰데, 정부에서 부동산 시장에 유동성을 계속 공급하면 지속적으로 고금리를 이어나갈 수밖에 없으며, 이 흐름이 3년 이상 이어지면 국가 경제에 불가역적인 문제를 야기할 수 있다는 것이 한국은행의 논리였다.

이처럼 한국은행이 부양책에 대해 강경한 입장으로 돌아서자마자 특례보금자리론의 일반형은 사라지고 6억 원 이하 주택에만 적용되는 우대형만이 남았다. 50년 만기 주택담보대출 역시 자취를 감추면서 시장 전체의 유동성 공급 루트가 급격하게 축소된다. 이제야 DSR 40% 규제가 피부에 와닿을 법한 국면이 되었다. 왜냐하면 특례보금자리론도, 50년 만기 주택담보대출도, 결국은 DSR 40%를 회피할 수 있는 차입 수단이었기 때문이다. 그로 인해 주택 가격을 끌어올릴 수 있었던 것이다. 그러다가 DSR 40%를 우회할 수 있는 수단이 다시 나오지 않으면 시장의 방향성은 하락 조짐 내지 보합세로 전환될 수밖에 없다. 시장이 이때부터 깨달은 것이 금리만큼이나 대출 정책이 중요하다는 점이다. 금리가 일부 하락하는 구간이 발생하더라도 대출을 받지 못하는 환경이 되면서 주택시장은 이후 계속해서 약세를 보였기 때문이다.

한 가지 알아두어야 할 점이 있다. DSR 40% 규제에서는 소득에 따라 구매할 수 있는 주택가격의 상한선이 정확하게 결정된다는 것이다. 계산식이 다소 복잡하지만 간략히 이야기하면, 4% 금리에서는 연봉의 13배가 넘는 가격의 집은 살 수가 없다. 한데 현재의 집값은 연봉의 약 16배다. 현재의 주택가격이 DSR 40% 규제에서는 가계가 소화할 수 없는 수준이라는 뜻이다.

## 당분간 이어질 긴축 기조

2023년 부동산 시장에서는 특례보금자리론이나 50년 만기 주택담보대출처럼 DSR 적용을 받지 않는 대출 상품에 접근할 수 있는 차주들만 주택 거래를 할 수 있었다. 그래서 주택가격은 반등에 성공했지만, 거래량 자체는 여전히 위축된 채 교착 국면이 이어진 것이 지난 2023년 9월까지의 상황이었다. 그 이후 시장에 냉기가 돌았던 이유가 이제 자연스럽게 설명된다. 특례보금자리론이나 50년 만기 대출 같은 DSR을 우회할 수 있는 그런 상품이 사라졌기 때문이다. 이제는 DSR을 빠져나갈 방도가 막막하다.

2024년뿐만 아니라 앞으로 시장을 전망할 때 DSR은 핵심 전제가 될 수밖에 없다. 결국 주택가격을 결정하는 것은 수요이고, 수요는 대출량에 따라 결정되는데, 대출 상한선을 절대적으로 규정하고 있는 것이 DSR이기 때문이다. 이렇게 대줄랑을 DSR이 좌우하는 상황에서 금리는 DSR의 종속변수일 뿐이다. 실제로 2022년의 하락 역시 금리 인상만으로는 불가능했다. DSR이 아니었다면 금리 인상 초기부터 그렇게 주택가격이 하락할 수 없었다. 기준금리가 인상된 것도 인상된 것이지만, 2022년 4분기에 가계 전체의 DSR이 40.6% 가 된 것이 핵심이었다. 즉, 가계 전체의 대출이 DSR 40%가 규정한 상한선을 초과했다는 것이다. 이렇게 DSR이 빡빡해지다 보니 차주 들은 신용대출부터 우선 상환하기 시작했고, 그러면서 주택 수요가 말라붙기 시작했다.

그렇다면 DSR 40% 규제가 완화될 수 있는지가 관건이다. 하지 만 한국은행도, 금융위원회도 긴축 기조를 이어나갈 것이라는 자세 를 고수하고 있다. DSR 40% 규제가 폐지될 확률은 그리 높지 않아 보인다. 특히 한국은행은 장기적으로 한국의 가계대출을 GDP의 80% 이하로 낮추기를 원한다. 또한 위에서 설명한 것처럼 대출 증 가율이 GDP 성장률을 넘어서는 안 된다고 생각하며, 이에 따라 월별 가계대출이 4조 원 넘는 것을 기피하고 있다. 실제로 7월, 8월, 9월에 걸쳐 가계대출이 4조 원을 넘어섰기 때문에 9월부터 한국은 행의 입장은 달라질 수밖에 없었던 듯싶다.

# 앞으로도 관건은 DSR

앞으로 DSR이 유지된다는 걸 전제하고 시장을 보는 것이 합리적이다. 미국의 기준금리는 당분간 인하될 리 없어 보이며, 이에 따라 미국의 장기채 금리는 올라가고 있다. 미국의 장기채 금리는 세계 각국 시장금리의 바로미터가 되기 때문에 미국의 장기채 금리가 올라가면 한국의 시장금리도 올라간다. 시장금리가 올라가면 은행의 주택담보대출 금리 역시 동반 상승한다. 그러다 보니 현재 부동산 시장이 냉각되었다. 만약 앞으로도 DSR이 유지된다면, 또한 DSR의 적용을 받지 않는 특례보금자리론이나 DSR 규제를 사실상 완화한 50년 만기 주택담보대출 같은 수단이 제시되지 않는다면, 주택가격은 지탱되기가 어렵다.

시장을 선망할 때는 금리만 보아서는 안 된다. 단순히 한국은행이 기준금리를 올리고 내리고가 중요한 것이 아니라, 시장금리가 올라가는지 내려가는지, 상품금리가 올라가는지 내려가는지, 그리고 종합적으로 봐서 결국 이런 환경에서 가계가 대출을 다시 크게 늘리는지 안 늘리는지를 확인해야 시장의 향방을 가늠할 수 있다.

안타깝게도 2020년 이후로 많은 사람이 부동산을 마치 금융자산처럼 인식하고 있다. 채권 가격이 정부가 채권을 매입하느냐 마느냐에 따라 가격이 결정되는 것처럼, 부동산 가격 역시 정부가 부양책을 펴느냐 마느냐에 달려 있다. 미국의 국채 시장에서 양적완화가 그러했던 것처럼, 한국의 부동산도 정부가 인위적인 부양 프로그램을 강력하게 시행하면서 조작적 강세장을 만들었던 것이 2023년이다. 우리나라의 부동산 수요를 근본적으로 뒤흔들었던 게 DSR인데, 오히려 DSR은 상대적으로 조용하게 도입되었다. 돌이켜 보면 수요에 있어서 가장 극명한 효과를 발휘한 요소는 DSR의 존재였다. 이 DSR이 앞으로도 어떤 영향을 줄지, 다시 해제될지 아닐지 등 여러 측면에서 정말 유심히 살펴봐야 할 요소다.

# 부동산 투자 시대의
# 종말

    돌이켜보면 2020~2022년은 전 세계적인 투기 열풍이 회오리친 시기다. 코로나19 팬데믹으로 인해 산업 전반이 정지되자, 각국은 자국민을 보호하고 금융을 안정시키기 위해 통화정책으로는 금리 인하를 밀어붙이고 재정정책으로는 가계 지원금을 살포하는 방안을 병행하면서 막대한 유동성을 시장에 공급했다. 이 초과 유동성이 자산 시장으로 그대로 투입되면서 단기간에 매우 강력한 상승장이 전개됐다. 그렇게 저금리 상승장이 장기화될 조짐이 보이자 자산은 언제나 우상향하므로 가능한 한 많은 종잣돈을 확보해 투자해야 한다는 인식이 빠르게 퍼져 나갔다. 자연스레 레버리지를 끌어들여서라도 예금이나 채권이 아닌 주식과 부동산에 투자하는 것이 부자가 되는 첩경이라는 데에 만인이 동의하는 지경에 이르렀다. 이러한 인식의 변화가 개별 국가 단위가 아닌 세계 전체에서 동시에 일어나면서 전 세계적인 패러다임으로 정착했다.

아울러 코로나 기간에는 사회적 거리두기가 일상화하고 비대면 위주로 사회 문화가 재편되면서 유튜브 시장이 비대해졌고, 투자 및 재테크 관련 유튜브 채널 역시 비약적으로 성장했다. 이 시기 이전까지 투자에 대해 잘 모르던 사람들이 2020년과 2021년에 투자의 세계에 입문했고, 유튜브를 통해 정보를 얻고 공부하여 의사결정을 하는 것에 길들여졌다.

모두가 알다시피 이러한 강세장은 2022년 인플레이션의 본격화와 그에 따른 세계 각국의 금리 인상으로 인하여 급격히 저물어 갔다. 이후 2023년 들어 금리 인하 기대감이 형성되면서 다시금 글로벌 마켓이 잠시 상승세를 보였지만, 하반기에 접어들면서 금리가 높은 수위에서 오래도록 유지될 것이 선명해지자 재차 시장이 주춤하는 형세다. 물론 2023년부터 인공지능(AI)으로 기술혁신을 주도하면서 성장을 갈구하는 시장에 긍정적 분위기를 만들어내는 국면도 동시에 나타나고 있다. 다만, 금리 측면에서 2020~2021년과 같은 제로화 금리가 만들어낸 낭만적인 자산 시장은 당분간 돌아오기 어렵다는 데 동의하는 전문가들이 늘어나고 있다. 그런데도 코로나 시기에 형성된 투자 관행, 즉 유튜브를 보고 투자 아이디어를 얻어서 가능한 한 큰 자금을 끌어들여 주식이나 부동산 같은 위험자산을 구입하는 식의 패턴이 여전히 시장 참여자들을 지배하고 있다.

## 고금리 시대에 위험자산에 투자해야 할까?

이 같은 관성을 지금까지 떨쳐버리지 못하는 것은 사리에 맞지 않는다. 현재와 같은 고금리 국면에서는 위험자산에 투자해봐야 이점이 미미하기 때문이다. 통상 주식이나 부동산 같은 위험자산의 수익률은 예금이나 채권 같은 안전자산보다 높게 형성되는데, 이것은 안전자산이 갖고 있는 무위험 수익률에 추가적으로 리스크 프리미엄, 즉 위험을 감수하고 얻는 수익률이 더 덧붙여져야 위험자산에 투자할 가치가 있기 때문이다. 한데, 고금리 국면에서는 안전자산으로 확보할 수 있는 무위험 수익률이 높은 반면, 위험자산이 가지는 리스크 프리미엄은 미미해지므로 안전자산 대비 위험자산의 수익률이 높지 않고 도리어 쓸데없이 위험에만 노출되는 상황이 연출될 수 있다. 심지어 최근 때에 따라 주식보다 예금이나 채권의 기대수익률이 더 높은 경우도 왕왕 있다. 이 때문에 여러 투자 대가는 현재 위험자산의 투자 매력도가 매우 낮아졌다고 경고한다. 하지만 아직까지 개인 투자자들에게는 이러한 경고가 충분히 전달되지 않는 듯하다.

# 부동산도 예외가 아니다

부동산 역시 현재는 투자 매력도가 상당히 감소한 상태다. 부동산의 투자수익률을 나타내는 지표로 자산수익률 capital rate이 있다. 부동산에서 발생하는 현금흐름과 영업이익이 취득 가격과 비교했을 때 몇 퍼센트 수익률인지를 따져보는 것이다. 가령 연간 2억 원 정도의 임차료를 받을 수 있는 상업용 건물의 가격이 약 50억 원이라고 가정해보자. 이 건물의 경우 취득 가격은 50억 원이고 임차료 소득은 2억 원이므로, 자산수익률은 2억/50억×100 = 4%가 된다. 물론 현실적으로 현금만 가지고 건물을 매입하는 경우는 거의 없으며, 대체로 대출을 받아 매입한다. 그러므로 다시 이 건물을 취득하기 위해 받은 대출을 30억 원, 자기자본을 20억 원이라고 가정해보자. 이 상황에서 금리가 4%라면 30억 원 대출금에 붙는 이자가 연간 1억 2천만 원이 된다. 이때 연간 임차료 소득이 2억 원이므로 소득이 이자비용을 상회하며, 고정 소득 8천만 원이 확보된다.

은퇴를 앞둔 분들이 이른바 꼬마빌딩을 이런 식으로 대출을 받아 매입해서 건물주로서 노후 수익을 확보하려는 분이 많았다. 혹은 여기서 0만 빼면 소규모 오피스텔이나 상가에 투자하는 개인들의 계산과도 동일하다고 할 수 있다. 그러던 중에 코로나 시기를 거치며 저금리 환경으로 전환되자 장노년층뿐만 아니라 전 연령층에서 꼬마빌딩 매수 열풍이 불었다. 가령 금리가 4%가 아닌 2.5%

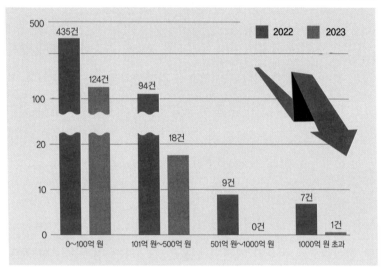

## 서울 업무 및 상업용 빌딩 거래 규모 변화

기간: 1월 1일~3월 14일(계약일 기준)

500

435건

124건    94건

100

20        18건

10        9건

7건

0        0건        1건

0~100억 원    101억 원~500억 원    501억 원~1000억 원    1000억 원 초과

■ 2022    ■ 2023

자료: 한국부동산원

가 될 경우, 대출 이자는 1억 2천만 원이 아닌 8천만 원이 되어 고정 소득은 1억 2천만 원으로 상승한다. 대출금 부담이 이전보다 훨씬 낮아진다. 이렇게 되면 심지어 대출금을 80억 원으로 3배 가까이 늘리더라도 대출 이자는 2억 원이기 때문에 여전히 임차료 수익 2억 원과 비교해서 적자가 나지 않으며 이자 상환을 감당할 수 있다. 이렇게 되면 20억 원의 자기자본을 가지고도 80억 원의 대출을 받을 수가 있다. 자연스레 건물 시세도 올라 50억 원이었던 상업용 건물은 100억 원 수준으로 폭등한다. 물론 건물 가격이 올라도 여전히 임차료 소득은 2억 원이기 때문에 자산수익률은 종전의 4%(2

억/50억)에서 2%(2억/100억)로 하락하지만, 50억에서 100억으로 건물 가격이 상승했으므로 그 시세 차익을 누릴 수가 있었다. 이처럼 저금리 환경에서 상업용 부동산이 돈이 된다는 게 명확해지면서 레버리지를 최대한 차입하여 건물주가 되려는 사람들을 코로나 국면에서 흔하게 볼 수 있었다. 그것이 2020~2022년간 꼬마빌딩 같은 초고가 부동산의 버블을 만들어냈다.

2.5% 금리 환경에서 80억 원을 빌려 자기자본 20억 원과 합해 100억 원짜리 건물을 취득했다고 했을 때 금리가 5.5% 이상으로 올라간 현재의 환경에서는 살아남기가 힘들다. 80억 원의 대출금에서 발생하는 이자가 2.5% 금리에서는 2억 원인 반면, 5.5%에서는 4억 4천만 원이 되기 때문이다. 건물에서 나오는 임차료 2억으로는 이자 상환 비용을 감당할 수가 없다. 매년 적자가 2억 4천만 원이 발생하므로 4년만 이 건물을 보유하고 있어도 10억 원에 가까운 돈이 날아간다. 자기자본 20억 원의 절반이 사라져버리는 것이다. 이렇게 되면 건물을 토해낼 수밖에 없다. 심지어 건물을 되팔 때도 취득 가격보다는 한참 낮은 가격에 매도해야 한다. 이제는 80억, 90억씩 대출을 받아 매수할 사람이 없기 때문이다. 이러다 보니 현재 상업용 부동산은 거래 자체가 끊긴 상황이다.

# 금리와 부동산 수익률

고금리 환경의 압박은 주택에도 동일하게 적용된다. 주택의 경우 상업용 부동산과 달리 자산수익률이 집계되지는 않지만, 비근한 지표로 전월세 전환율이 있다. 전월세 전환율은 전세를 월세로, 월세를 전세로 환산할 때의 비율을 말하는데, 주로 월세 수익률로 활용한다. 전세의 경우, 세입자가 집주인에게 전세보증금을 대출해주는 것이므로 원래는 이자를 받아야 하는데, 그 이자 대신 매월 주거비를 내지 않고 주택에 거주하는 셈이기 때문이다. 즉, 매달 내야 할 월세를 전세보증금의 이자와 상쇄하는 것이다. 쉽게 말해 월세는 전세의 이자라고 할 수 있고, 따라서 전월세 전환율은 전세의 금리, 전세의 기대수익률과 비슷한 의미가 된다. 여기서 보통 주택 매매가는 전세의 2배 정도 되므로, 전월세 전환율을 2로 나누면 월세 임차료 소득/주택가격의 비율이 나온다. 가령 현재 서울의 아파트 전월세 전환율은 4.8%인데, 이 경우 매매가 대비 월세 임차료의 비율은 2.4% 정도가 된다. 쉽게 말해 10억짜리 아파트를 사면 이 집을 가지고서 2,400만 원 정도의 연간 월세, 즉 다달이 200만 원 정도의 월세를 받을 수 있다는 의미이다(보증금이 0원이라면).

현재 주택담보대출 금리는 4~5%다. 이 금리 수준에서 대출을 받아 아파트를 사서 월세로 돌리는 것은 밑지는 장사다. 예컨대 10억짜리 아파트를 매수하기 위해 6억 대출을 받으면 5% 금리에서는 이자가 연간 3천만 원 발생하는데, 이 아파트에서 기대할 수 있는 임차료는 연간 2,400만 원에 불과하다. 게다가 금리가 올라가면서 아파트 매매가격 자체가 2021년 말의 고점보다는 확연히 낮은 시점이기 때문에 시세 차익을 기대하고 매도하는 것도 어려운 상황이다. 만약 당분간 고금리가 유지되고 자금조달이 어려운 환경이 유지되면서 한동안 주택가격이 상승하지 않는다면 오랜 기간 높은 원리금을 상환하면서 버텨야 한다. 이런 계산은 과거부터 존재해왔다. 그러나 과거에는 이렇게 월세 수익률이 낮더라도 아파트는 결국 수요가 상승해서 가격이 올랐기 때문에 이러한 계산상의 비합리성을 무시하고 매수하는 것이 관행이었다. 그러나 앞으로 인구가 감소하는 시대에 이러한 가정이 언제까지 이어질 수 있을까? 중장기적으로 주택가격은 우상향한다는 사고가 사회 전체적으로 무너졌을 때 시세 변화는 어떻게 될까?

이는 결국 상업용 부동산이든 주택이든, 금리가 올라갈 때 부동산을 취득하는 것은 비합리적인 투자라는 것을 보여준다. 부동산을 취득했을 때 발생하는 현금흐름과 소득보다 그것을 유지하기 위한 이자 상환 비용이 더 비싸다면 결과적으로 자산에 손실이 발생한다. 저금리 환경에서는 금리가 기대수익률을 밑돌기 때문에 투자가 이치에 맞지만, 고금리 환경에서는 기대수익률보다 금리가 높아서 투자할 이유가 없다.

## 금리와 주식 수익률

금리와 수익률의 게임은 주식에서도 마찬가지다. 부동산의 수익률 지표가 자산수익률이라면 주식의 경우 당기순이익의 성장률이 지표가 될 수 있다. 이는 당기순이익, 즉 한 해에 벌어들인 기업수익의 성장률에 비례해서 주가가 상승한다는 것에 전반적인 공감대가 형성되어 있기 때문이다. 가령 당기순이익이 100억 원이었던 기업이 이것을 120억 원으로 끌어올렸다면, 기업의 주가는 20% 성장하는 것이 타당하다는 식이다. 그래서 주식 투자가 합리적으로 되기 위해서는 이 당기순이익의 성장률이 안전자산의 무위험 수익률보다는 높아야 한다. 예를 들어 금리가 2%인 상황에서는 기업의 당기순이익 성장률이 2%보다는 높아야 주식에 투자할 이유가 생긴다. 보통은 기업의 성장률이 금리보다는 높기 때문에 주식은 대개 좋은 자산 투자처가 된다.

하지만 현재는 상황이 다르다. 2023년 미국 S&P500 지수의 기대수익률이 4%였다. 그에 반해 채권 금리는 거의 5% 수준으로 올라간 상황이다. 즉, 주식이 채권보다 기대수익률은 더 낮고 더 위험한 기괴한 상황이다. 예금이나 채권을 하는 것보다 주식을 할 때 좋은 점이 단 하나도 없는 시기이다. 그나마 2024년에 접어들면서 미국 S&P500 지수의 기대수익률이 9.5% 수준을 보이며 시장이 성장하는 중이다.

한국은 여전히 좋지 못한 상대다. 우리나라의 경우, 주식시장의 변동성이 높으며 특히 당기순이익의 편차가 큰 편이어서 당기순이익 성장률보다는 순자산을 시가총액으로 나눈 값인 PBR을 주로 활용한다. 쉽게 말해 한국 기업은 소득, 즉 영업이익이나 순이익이 들쑥날쑥하므로 소득이 아닌 자산의 성장률을 봐야 하며, 이 자산의 성장률을 살펴보기에 쉬운 지표가 PBR이다. 그런데 현재는 이 PBR을 활용하여 자산 가치 상승률을 가늠해보더라도 금리에 비해 수지타산이 맞지 않는 상황이다. 투자를 선택해서 위험을 짊어진 대가로 받는 프리미엄이 충분하지 못하다는 것이다. 핵심은 금리가 제로일 때는 2~3% 수익률도 높았지만, 3~4% 금리가 유지된다면 4~5% 수익률은 위험을 지기에 너무 낮은 수익률이라 매력이 떨어진다.

## 여전히 위험자산 투자를 부추기는 사람들

현재와 같은 고금리 상황에서는 부동산이든 주식이든, 달러 자산이든 원화 자산이든, 위험자산군은 전반적으로 투자의 매력이 급감한다. 앞에서 이야기했듯 월가의 투자 대가로 잘 알려진 하워드 막스는 이와 같은 환경 변화를 두고 'Sea change', 즉 상전벽해라고 표현했다. 2010년대와 코로나로 이어진 약 10여 년간의 저금리 유동성 상승장은 끝이 났으며, 위험자산이 안전자산에 대해 비교우

위를 갖는 요소가 거의 사라졌으므로 앞으로의 투자는 달라져야 한다는 이야기다.

그런데도 우리나라 개인 투자자들의 투자 관행은 상황 변화를 고려하지 않고 코로나 국면의 초저금리 시대에 적용했던 방식을 고수하고 있다. 사실 이런 국면에서는 자산운용사와 같은 기관 투자자마저 투자액을 줄인다든지 하여 쉬어 가기도 한다. 현장 전문가들은 특정 자산에 투자해야 할 이유보다는 하지 말아야 할 이유에 더 민감해지는 시기이기도 하다. 그러나 유튜브에 이런저런 전문가들이 나와 여과 없이 개인 투자자에게 투자를 권하는 환경이 만들어지다 보니 여전히 뭔가를 매수해야 한다는 권유가 범람하고 있다. 지금은 수요자 입장에서 위험자산을 사야 할 유인이 없는 시장 상황인데도 공급자에 해당하는 투자 유튜브 채널의 편향적인 매수 추천 콘텐츠에 의해 공급 주도적으로 자산 시장이 굴러가고 있다.

물론 자산 시장에는 언제나 기회가 있으므로 투자 추천을 하는 쪽이 잘못된 것은 아니다. 문제는 균형의 상실이라고 할 수 있다. 투자 추천을 하는 쪽은 많은 반면, 주의를 주고 점검과 검토를 하는 쪽은 드물어서 개개인들이 균형 잡힌 시각에서 양쪽의 논리를 대조해보는 경험을 하기가 어려운 환경이다. 〈채부심〉과 〈채상욱의 아파트 가치&가격 연구소(채가연)〉 채널에서는 이렇게 편중된 생태계에서 조금이라도 균형추를 돌려놓을 수 있도록 항상 복합적이고 종합적인 의견을 주기 위해 노력하고 있다.

현재는 안전자산 수익률과 비교해서 위험자산에 투자할 장점이 사라졌다. 이런 상황이 계속되지는 않을 것이며, 언젠가 다시 위험자산에 적극적으로 투자할 기회가 돌아올 것이다. 다만 현재는 그런 시기가 아닌 만큼 투자 휴지기를 가지면서 생각을 정리하고, 본인의 근로소득을 높이는 데 집중하는 것이 낫다. 이전까지의 투자 성과가 1,000%든 10,000%든 20,000%든, 다시 하락 100%면 모든 자산이 사라지는 것이 냉정한 투자의 세계다. 따라서 요즘 같은 시기에는 투자 금액을 줄이고 가능한 한 리스크를 지지 않는 것이 중요하다. 게다가 현재는 주식이든 부동산이든 상방보다 하방이 훨씬 크게 열려 있는 상황이어서 기본적으로 관망하는 것을 추천한다. 위험자산 투자를 부추기는 유튜브 채널에 현혹되지 말고 마음의 중심을 지키기를 바란다.

PEAK
OUT
KOREA